N5合格!
日本語能力試験問題集
The Workbook for the Japanese Language Proficiency Test

N5 読解
スピードマスター

Quick Mastery of N5 Reading
N5 读解 快速掌握
N5 독해 스피드 마스터
Nắm Vững Nhanh Đọc Hiểu N5

桑原里奈・木林理恵 共著

Jリサーチ出版

はじめに

　日本語能力試験は、日本語に関する知識とともに実際に運用できる日本語能力を測ることを重視しています。本書は、日本語能力試験の言語知識（読解）の試験問題を参考に、日本語を学習するみなさんが、実際の生活の中で必要な情報をぱっと探し出せるようになったり、抵抗を持たずにかんたんな文章を読めるようになったりすることを目指して作成しました。読解の設問形式にあわせて、メール・チラシ・掲示物・短い読み物など、いろいろな文章をのせました。初級の段階では、まとまった文章を読むことがあまりないと思います。この本を利用して、文章を読むことになれてください。本の最初のほうには、ウォーミングアップとして、文章を読んで理解するときのポイントとそれに対応した練習をのせました。じっくり練習してください。

　本書が日本語能力試験を受験するみなさんのお役に立てることを願っています。

桑原里奈・木林理恵

Preface ／前言／머리글／ Lời mở đầu

　The Japanese Language Proficiency Test (JLPT) places emphasis on evaluating students' knowledge of Japanese as well as assessing their ability to make practical use of the language. We have written this book with the aim of helping you how to master skills such as quickly finding the information you need in your everyday life and reading simple sentences with confidence. We have included e-mails, leaflets, noticeboards and short passages which are similar to the reading comprehension questions in JLPT. At the elementary level, we think it is difficult for you to read long, meaty passages. By using this book, please get used to reading Japanese. At the beginning of the book, we have included a "Warming up" section which introduces points which are useful in understanding passages, and also gives you practise in reading them. Please spend some time thoroughly practising this section.

　We hope that everybody who is going to take the Japanese Language Proficiency Test will find this book useful.

　日语能力考试重视测试日语知识和日语的实际运用能力。本书以日语能力考试的语言知识（阅读理解）的试题为参考，编写的目的为了让日语学习者们能在实际生活中迅速地找到必要的信息，毫无障碍地阅读简单的文章。根据阅读理解的设问，编写了邮件、广告、张贴物、短小读物等各种文章。日语学习的初级阶段，学习者读长篇文章的机会较少。大家可以利用这本书，习惯阅读文章。本书的开头部分，作为热身阅读，编写了阅读文章时所理解的知识点和与之相对应的练习。大家要好好理解。

　希望本书能为参加日语能力考试的日语学习者给予帮助。

　일본어 능력시험은 일본에 대한 지식과 함께 실제로 운용할 수 있는 일본어 능력을 재는 것을 중시하고 있습니다, 본서는 일본어 능력시험의 언어 지식 (독해) 시험문제를 참고로 일본어를 학습하는 여러분이 실생활 속에서 필요한 정보를 찾을 수 있게 되거나 거부감을 갖지 않고 간단한 문장을 읽을 수 있게 되는 것을 목표로 작성하였습니다. 독해 설문 형식에 맞춰 메일, 광고지, 게시물, 짧은 이야기 등의 여러 형식의 문장을 실었습니다. 초급 단계에서는 긴 문장을 읽을 경우는 별로 없을 것입니다. 이 책을 이용하여 문장을 읽는 것에 익숙해지길 바랍니다, 책의 앞부분에는 워밍업으로 문장을 읽고 이해할 때의 포인트와 그것에 대응한 연습을 실었습니다. 시간을 들여 연습해 주세요.

　본서가 일본어 능력시험을 보는 여러분의 도움이 되기를 바랍니다.

　Kỳ thi Năng lực tiếng Nhật coi trọng việc kiểm tra kiến thức tiếng Nhật cũng như năng lực tiếng Nhật vận dụng vào thực tế. Cuốn sách này được lập trên cơ sở tham khảo các đề thi về kiến thức ngôn ngữ (đọc hiểu) của các kỳ thi năng lực tiếng Nhật nhằm giúp người học tiếng Nhật có thể tìm ngay được các thông tin cần thiết trong cuộc sống thực tế, có thể đọc được các đoạn văn đơn giản mà không cảm thấy e ngại. Chúng tôi đã biên tập rất nhiều đoạn văn dưới các hình thức như thư điện tử, tờ rơi, thông báo, các bài đọc ngắn v.v...để phù hợp với các hình thức ra câu hỏi trong bài thi đọc hiểu. Ở giai đoạn đầu tiên, người học thường không được đọc nhiều các bài đọc đầy đủ. Quý vị hãy dùng cuốn sách này và làm quen với việc đọc các đoạn văn. Ở phần đầu của cuốn sách là phần khởi động với các lưu ý khi đọc và lý giải đoạn văn cũng như các bài luyện tập tương ứng với các điểm lưu ý đó. Quý vị hãy luyện thật kĩ phần này!

　Chúng tôi rất mong cuốn sách này sẽ giúp ích cho quý vị trong việc dự thi kỳ thi năng lực tiếng Nhật.

もくじ

Table of contents／目录／목차／Mục lục

- **はじめに** ･･ 2
  Preface／前言／머리글／Lời mở đầu

- **日本語能力試験と読解問題** ･･･ 6
  Japanese Language Proficiency Test and reading comprehension exercises／日语能力测试及读解问题／
  일본어 능력 시험과 독해 문제／Kỳ thi năng lực tiếng Nhật và các bài thi đọc hiểu

- **この本の使い方** ･･ 8
  How to Use This Book／本书指南／이 책의 사용법／Cách sử dụng sách này

PART 1　ウォーミングアップ――読解力アップのポイント ･･ 11

Warming up — hints for improving your reading comprehension skills／准备 — 提高读解能力的要点／
워밍업 — 독해력 향상을 위한 포인트／Khởi động — điểm lưu ý để nâng cao khả năng đọc hiểu

1　文章を読む基本練習 ･･･ 12
Basic reading practice／阅读文章的基本练习／문장을 읽는 기본 연습／Luyện tập đọc hiểu cơ bản

◆ 5W1H（いつ・どこで・だれが・何を・どうして・どのように）をつかむ ･･･12
　Make sure you understand the when, where, who, what, why and how (5W1H) of the passage／紧扣5W1H(什么时候・
　在哪里・谁・做什么・为什么・怎样做)／５Ｗ１Ｈ（언제・어디서・누가・무엇을・왜・어떻게）를 파악한다／Nắm bắt 5W1H
　(khi nào, ở đâu, ai, với cái gì, tại sao, làm thế nào)

◆ 文の 構造・修飾関係を つかむ ･･･14
　Grasp the structure of the sentence and the modifiers／抓住文章的结构和修饰关系／문장 구조・수식 관계를 파악한다／
　Nắm bắt cấu trúc câu và quan hệ bổ nghĩa

◆ 指示内容（これ・ここ・この～・こんな～・こう～ ……）をつかむ ･･･16
　Understand the use of the demonstrative pronouns／抓住指示内容／지시 내용／Nắm bắt nội dung chỉ thị

◆ 話の 流れを つかむ1（接続表現） ･･･18
　Grasp the flow of the passage 1 (conjunctions)／抓住文章内容的逻辑关系1（接续的表达方式）／
　이야기의 흐름을 파악한다 1 (접속 표현)／Nắm bắt cốt truyện 1 (biểu hiện kết nối)

◆ 話の 流れを つかむ2（副詞） ･･･20
　Grasp the flow of the passage 2 (adverbs)／抓住文章内容的逻辑关系2（副词）／
　이야기의 흐름을 파악한다 2 (부사)／Nắm bắt cốt truyện 2 (phó từ)

2　いろいろな文書 ･･･ 22
Various types of documents／各式各样的文章／여러 유형의 문서／Các loại văn bản

4

3 テーマ別キーワード ・・・・・・・・・・・・・・・・・・・・・・・・・ 30
Keywords relating to various topics ／主题分类的关键词／테마 별 키워드／Từ chìa khoá theo chủ đề

PART 2 実戦練習 ・・・・・・・・・・・・・・・・・・・・・・・・・・・・・・・ 35
Practice exercises ／实战练习／실전 연습／Luyện tập thực hành

短文　Short passage／短文/단문／Đoạn văn ngắn　　(1)～(24)　…36
中文　Medium-length passage／中文/중문／Đoạn văn vừa　(1)～(8)　…60
情報検索　Searching for information／信息检索／정보검색／Tìm kiếm thông tin　(1)～(8)　…68

PART 3 模擬試験 ・・・・・・・・・・・・・・・・・・・・・・・・・・・・・・・ 85
Mock examinations ／模拟测试／모의고사／Kiểm tra mô phỏng thực tế

第1回　the 1st／第一次／제 1 회／Lần thứ nhất　…86
第2回　the 2nd／第二次／제 2 회／Lần thứ hai　…92

解答用紙　Answer sheet／卷子、试卷／답안지／Giấy ghi câu trả lời ・・・・・・・・・・・・ 98

〈別冊〉 解答と解説 ・・・・・・・・・・・・・・・・・・・・・・・・・・・・・・ 2
〈Appendix〉Answer and Explanation ／〈分册〉答案与解说／
〈별책〉해답과 해설／〈biệt sách〉Đáp án và giải thích

日本語能力試験と読解問題

Japanese Language Proficiency Test and reading comprehension exercises／日语能力考试和读解问题／
일본어 능력 시험과 독해 문제／Kỳ thi năng lực tiếng Nhật và các bài thi đọc hiểu

- 目的：日本語を母語としない人を対象に、日本語能力を測定し、認定すること。
  ※ 課題遂行のための言語コミュニケーション能力を測ることを重視。
- 試験日：年2回（7月、12月の初旬の日曜日）
- レベル：N5（最もやさしい）→N1（最もむずかしい）
  N1：幅広い場面で使われる日本語を理解することができる。
  N2：日常的な場面で使われる日本語の理解に加え、より幅広い場面で使われる日本語をある程度理解することができる。
  N3：日常的な場面で使われる日本語をある程度理解することができる。
  N4：基本的な日本語を理解することができる。
  N5：基本的な日本語をある程度理解することができる。

レベル	試験科目	時間	得点区分	得点の範囲
N1	言語知識（文字・語彙・文法）	110分	言語知識（文字・語彙・文法）	0～60点
	読解		読解	0～60点
	聴解	60分	聴解	0～60点
N2	言語知識（文字・語彙・文法）	105分	言語知識（文字・語彙・文法）	0～60点
	読解		読解	0～60点
	聴解	50分	聴解	0～60点
N3	言語知識（文字・語彙）	30分	言語知識（文字・語彙・文法）	0～60点
	言語知識（文法）・読解	70分	読解	0～60点
	聴解	40分	聴解	0～60点
N4	言語知識（文字・語彙）	30分	言語知識（文字・語彙・文法）	0～120点
	言語知識（文法）・読解	60分	読解	
	聴解	35分	聴解	0～60点
N5	言語知識（文字・語彙）	25分	言語知識（文字・語彙・文法）	0～120点
	言語知識（文法）・読解	50分	読解	
	聴解	30分	聴解	0～60点

※ N1・N2の科目は2科目、N3・N4・N5は3科目

- 認定の目安：「読む」「聞く」という言語行動でN5からN1まで表している。
- 合格・不合格：「総合得点」と各得点区分の「基準点（少なくとも、これ以上が必要という得点）」で判定する。

☞ くわしくは、日本語能力試験のホームページ〈http://www.jlpt.jp/〉を参照してください。

N5のレベル　　以前の4級とだいたい同じレベル

	N5のレベル
読む	● ひらがなやカタカナ、日常生活で用いられる基本的な漢字で書かれた定型的な語句や文、文章を読んで理解することができる。
聞く	● 教室や、身の回りなど、日常生活の中でもよく出会う場面で、ゆっくり話される短い会話であれば、必要な情報を聞き取ることができる。

読解の問題構成

		大問 ※1〜3は文法の問題		小問数	ねらい
言語知識・読解	4	内容理解 （短文）	○	3	学習・生活・仕事に関連した話題・場面の、やさしく書き下ろした80字程度のテキストを読んで、内容が理解できるかを問う。
	5	内容理解 （中文）	○	2	日常的な話題・場面を題材にやさしく書き下ろした250字程度のテキストを読んで、内容が理解できるかを問う。
	6	情報検索	◆	1	案内やお知らせなど書き下ろした250字程度の情報素材の中から必要な情報を探し出すことができるかを問う。

◆ 以前の試験では出題されていなかった、新しい問題形式のもの。
○ 以前の試験でも出題されていたもの。
※ 小問の数は変わる場合もあります。

この本の使い方　How to use this book／本书的使用方法／이 책의 사용법／Cách sử dụng sách này

PART 1　ウォーミングアップ ── 読解力アップのポイント
Warming up —hints for improving your reading comprehension skills
准备—提高读解能力的要点
워밍업—독해력 향상을 위한 포인트
Khởi động —điểm lưu ý để nâng cao khả năng đọc hiểu

1　文章を読む基本練習
Basic reading practice／阅读文章的基本练习／
문장을 읽는 기본 연습／Luyện tập đọc hiểu cơ bản

読解問題を解く前に、文章を読むためのポイントを紹介しますので、練習しましょう。

There are some hints to help you with reading comprehension, so practice using the hints before answering questions about a passage.
在阅读问题之前，介绍阅读文章的要点，进行练习。
독해 문제를 풀기 전에 문장을 읽기 위한 포인트를 소개하였으니 연습해 봅시다.
Trước khi làm bài, hãy luyện tập những điểm lưu ý khi đọc hiểu.

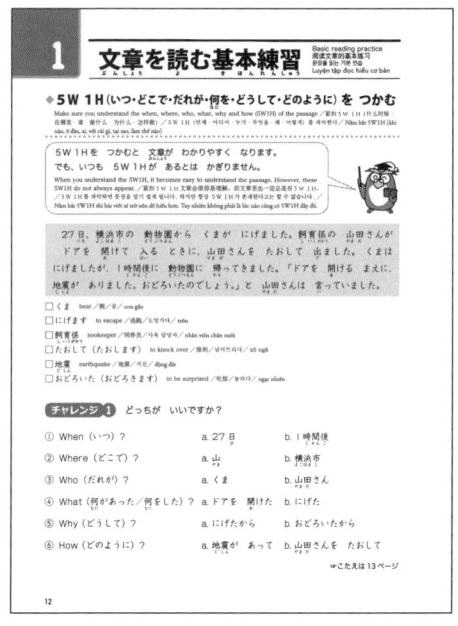

2　いろいろな文書
Various types of documents／各式各样的文章／
여러 유형의 문서／Các loại văn bản

チラシ、メール、掲示物など、いろいろな文書に慣れましょう。それぞれよく使われるキーワードも紹介しています。

Practice reading various types of documents, such as E-mails, leaflets and notice boards. This book will introduce keywords which relate to a variety of topics.
电子邮件、小广告、布告等，我们要习惯各类文章。本书将介绍这些文章中经常使用的关键词。
광고전단, 메일, 게시물 등의 여러 문서에 익숙해집시다. 각각 자주 사용되는 키워드도 소개하고 있습니다.
Hãy quen với nhiều loại văn bản như tờ rơi, thư điện tử, thông báo v.v..

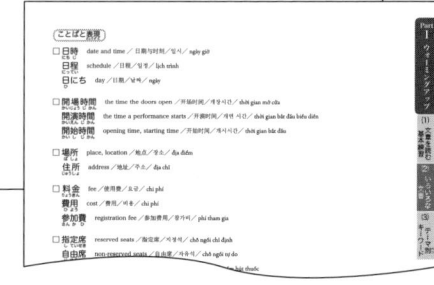

8

3 テーマ別キーワード

Keywords relating to various topics／主题分类的关键词／
테마 별 키워드／Từ chìa khoá theo chủ đề

文章の中で使われる可能性のある言葉をテーマ別にリストアップしました。
There are lists of vocabulary which are organized according to different topics.
文章中经常有可能使用的词语根据主题类别进行列表。
문장 중에 사용될 가능성이 있는 말을 테마 별로 정리하였습니다.
Nêu ra các từ có khả năng được sử dụng trong bài đọc theo các chủ đề làm bảng danh sách.

PART 2 実戦練習
Practice exercises／实战练习／실전 연습／Luyện tập thực hành

問題ごとに目標の時間を示してあります。それを参考に、速く問題を解くようにしましょう。
Each question has a recommended target time. Use this as a guide and practice answering the questions quickly.
每个问题都标示有完成时间。以此为参考，快速答题。
문제마다 목표 시간을 제시하고 있습니다. 그것을 참고로 하여 빠르게 문제를 풀도록 합시다.
Thời gian tiêu chuẩn của từng bài được ghi. Hãy cố gắng làm bài nhanh trong thời gian đó.

```
短文

もんだい つぎの (1)から (24)の ぶんしょうを 読んで、しつもんに こたえて
ください。こたえは、1・2・3・4から いちばん いい ものを 一つ え
らんで ください。

(1)                                              4分でチャレンジ
    先月、わたしも、母も、旅行に 行きました。わたしは 四国に 行って、美術
館を 見ました。母は、北海道で きれいな 花を 見ました。わたしは、おみや
げに 絵はがきを あげ、母から おいしい おかしを もらいました。

1 「わたし」は 母に 何を あげましたか。

  1 旅行
  2 花
  3 おかし
  4 絵はがき
```

4分でチャレンジ
行って

PART 3 模擬試験
Mock Examinations／模拟考试／모의고사／Kiểm tra mô phỏng thực tế

実際の試験と同じ形式、同じ数の問題に挑戦するパートです。
※ 実際の試験は、言語知識（文法）と読解を50分で行います。しかし、この模擬試験は読解だけです。

In this part of the book, you can try out a mock test which is the same style and has the same number of questions as the actual exam. ※ The grammar and reading comprehension sections together last 50 minutes in the actual test. However, this mock test includes only reading comprehension.
一部分内容是挑战与实际考试的形式、数量完全相同的题型。※实际的考试中语言知识(语法)和阅读理解分别进行50分钟。但是，本模拟考试只有阅读理解。
실제 시험과 같은 형식, 같은 문제 수에 도전하는 파트입니다. ※ 실제 시험은 언어 지식 (문법) 과 독해를 50 분에 풉니다. 그러나 이 모의시험은 독해만 있습니다.
Đây là phần thử làm bài cùng hình thức, cùng số lượng với bài thi thực tế. ※ Trong kỳ thi thực tế có phần kiến thức ngôn ngữ (ngữ pháp) và đọc hiểu với thời gian làm bài là 50 phút. Nhưng trong kiểm tra mô phỏng thực tế trên sách này chỉ có phần đọc hiểu.

⟶ つぎのページへ　To the next page

◆ 別冊 Appendix／別冊／별책／Biệt sách

別冊には、正しい答えと、問題を解くための説明や、キーセンテンスの訳があります。
In the appendix, you can find the correct answers as well as explanations which will help you answer the questions. There are also translations of key sentences.
别册中附有标准答案、解题说明以及关键句的译文。
별책에는 바른 답과 문제를 풀기 위한 설명과 키가 되는 문장의 번역이 있습니다.
Biệt sách có câu trả lời đúng, phần giải thích để trả lời câu hỏi và bài dịch của câu chìa khoá.

* * * *

★ 練習の意味で、ときどき、本試験より難しい文章や語句を含む問題があります。
For practice, there are sometimes questions with passages or phrases which are more difficult than those in the actual test.
练习题中有时会出现比实际考试难度更大的文章和词语。
연습의 의미로 가끔 본시험보다 어려운 문장이나 어구를 포함하는 문제가 있습니다.
Để luyện tập, có một số bài gồm có các câu hoặc các từ trình độ cao hơn bài thi thực tế.

★ 漢字かひらがなか、などの表記については、固定せず、ある程度柔軟に扱っています。
There are no strict rules concerning the use of kanji, hiragana and katakana in the book.
关于汉字、平假名等书写上，在某种程度上使用得比较灵活，并未完全固定一种写法。
한자나 히라가나 등의 표기에 대해서는 고정하지 않고 어느 정도 유연하게 다루고 있습니다.
Không thống nhất chữ Hán hoặc Hiragana nghiêm ngặt lắm mà đối xử mềm dẻo trong một phạm vi nào đó.

PART 1

ウォーミングアップ
──読解力アップのポイント

Warming up —hints for improving your reading comprehension skills
准备 —提高读解能力的要点
워밍업 —독해력 향상을 위한 포인트
Khởi động —điểm lưu ý để nâng cao khả năng đọc hiểu

1 文章を読む基本練習

Basic reading practice
阅读文章的基本练习
문장을 읽는 기본 연습
Luyện tập đọc hiểu cơ bản

◆ 5W 1H（いつ・どこで・だれが・何を・どうして・どのように）を つかむ

Make sure you understand the when, where, who, what, why and how (5W1H) of the passage／紧扣 5 W 1 H（什么时候・在哪里・谁・做什么・为什么・怎样做）／5 W 1 H（언제・어디서・누가・무엇을・왜・어떻게）를 파악한다／Nắm bắt 5W1H (khi nào, ở đâu, ai, với cái gì, tại sao, làm thế nào)

> 5W 1Hを つかむと 文章が わかりやすく なります。
> でも、いつも 5W 1Hが あるとは かぎりません。
>
> When you understand the 5W1H, it becomes easy to understand the passage. However, these 5W1H do not always appear.／紧扣 5 W 1 H文章会很容易理解。但文章里也一定总是有 5 W 1 H。／5 W 1 H를 파악하면 문장이 알기 쉬워집니다. 하지만 항상 5 W 1 H가 존재한다고는 할 수 없습니다.／Nắm bắt 5W1H thì bài viết sẽ trở nên dễ hiểu hơn. Tuy nhiên không phải là lúc nào cũng có 5W1H đầy đủ.

27日、横浜市の 動物園から くまが にげました。飼育係の 山田さんが ドアを 開けて 入る ときに、山田さんを たおして 出ました。くまは にげましたが、1時間後に 動物園に 帰ってきました。「ドアを 開ける まえに、地震が ありました。おどろいたのでしょう。」と 山田さんは 言っていました。

☐ くま　bear／熊／곰／con gấu
☐ にげます　to escape／逃跑／도망가다／trốn
☐ 飼育係　zookeeper／饲养员／사육 담당자／nhân viên chăn nuôi
☐ たおして（たおします）　to knock over／推倒／넘어뜨리다／xô ngã
☐ 地震　earthquake／地震／지진／động đất
☐ おどろいた（おどろきます）　to be surprised／吃惊／놀라다／ngạc nhiên

チャレンジ 1　どっちが いいですか？

① When（いつ）？　　　　　　　　a. 27日　　　　　　b. 1時間後
② Where（どこで）？　　　　　　　a. 山　　　　　　　b. 横浜市
③ Who（だれが）？　　　　　　　　a. くま　　　　　　b. 山田さん
④ What（何があった／何をした）？　a. ドアを 開けた　　b. にげた
⑤ How（どのように）？　　　　　　a. 地震が あって　　b. 山田さんを たおして
⑥ Why（どうして）？　　　　　　　a. にげたから　　　b. おどろいたから

☞こたえは13ページ

12

5W1Hに 下線を 引いたので、そこだけ 読んで ください。
文章が 簡単に なりましたか？

The 5W1H are underlined here, so try reading only the underlined phrases. Is the passage easier to understand now？／5W1H下面画有横线，请大家阅读横线部分。文章是不是变得简单了呢？／5W1H에 밑줄을 그었으니까 그곳만 읽어 주십시오. 문장이 간단해졌습니까？／Gạch dưới được gắn vào chỗ 5W1H. Hãy chỉ đọc chỗ đó. Bài đọc trở nên dễ hiểu chưa?

<u>27日</u>、<u>横浜市</u>の 動物園から <u>くま</u>が <u>にげました</u>。飼育係の 山田さんが ドアを 開けて 入る ときに、<u>山田さんを たおして</u> 出ました。くまは にげましたが、1時間後に 動物園に 帰ってきました。「ドアを 開ける まえに、地震が ありました。<u>おどろいたのでしょう。</u>」と 山田さんは 言っていました。

→ <u>27日</u>に <u>横浜市</u>で <u>くま</u>が <u>山田さんを たおして にげました</u>。
　<u>おどろいたからです</u>。

ふくしゅう 1

■ ぶんしょうを 読んで、しつもんに こたえて ください。こたえは、a～cから いちばん いい ものを えらんで ください。

先週、今年 いちばん 大きな 仕事が 終わったので、北海道に 行った。新幹線で 行きたかったが、飛行機の ほうが 安かったから、飛行機で 行った。今度は 新幹線で 行きたい。

☐ 北海道　Hokkaido (the name of a region)／北海道（地区名）／홋카이도 (지역 이름)／Hokkaido (tên địa phương)
☐ 新幹線　Shinkansen, Bullet train／新干线／신칸센／tàu cao tốc shinkansen
☐ 今度　this time, next time／下次／다음에／lần sau

① いつ？
　a. 先週
　b. 今度
　c. 今年

② 何を した？ 何が あった？
　a. 大きな 仕事を はじめた
　b. 北海道に 行った
　c. 飛行機が 安かった

③ どうして？
　a. 仕事が 大きかったから
　b. 安かったから
　c. 大きな 仕事が 終わったから

④ どのように？
　a. 新幹線で
　b. 北海道で
　c. 飛行機で

チャレンジ 1 の こたえ　①a　②b　③a　④b　⑤b　⑥b

◆文の 構造・修飾関係を つかむ

Grasp the structure of the sentence and the modifiers ／抓住文章的结构和修饰关系／문장 구조・수식 관계를 파악한다／ Nắm bắt cấu trúc câu và quan hệ bổ nghĩa

> 長い 文は 分解しましょう。 わかりやすく なります！
> Break a long sentence up. It will become easier to understand! ／让我们分解下面的长句, 使之更容易理解。／긴 문장은 분해합시다. 알기 쉬워집니다. ／ Hãy tháo rời những câu dài. Làm như thế bài viết sẽ trở nên dễ hiểu hơn!

山田さんは、 あかちゃんが ねてから 、 おくさんの 買ってきた おかし を 食べました。

☐ あかちゃん　baby ／婴儿／아기／ em bé

チャレンジ 2　どれが いいですか？

① だれが ねましたか。
　　a. 山田さん　　　　　b. あかちゃん　　　　　c. おくさん

② だれが 買ってきましたか。
　　a. 山田さん　　　　　b. あかちゃん　　　　　c. おくさん

③ だれが 食べましたか。
　　a. 山田さん　　　　　b. あかちゃん　　　　　c. おくさん

☞こたえは 15 ページ

> ヒント1： 文の 一部分(節)の 中の 主語は 「の」か 「が」で 表されます。
> Hint 1: You can find the subject of the clause by looking for 「の」 or 「が」。／提示 1：句子中一部分的主语用「の」或是「が」来表示。／힌트 1: 문장 일부 (절) 속의 주어는 「の」 나 「が」로 표현됩니다. ／ Gợi ý 1: Chủ thể của một phần câu (mệnh đề) được thể hiện với「の」hoặc「が」.

> ヒント2： 文 全体の 主体(主語)は 「は」で 表される ことが 多いです。
> Hint 2 :The subject of the whole sentence is often indicated by 「は」。／提示 2：句子整体的主体 (主语) 用「は」来表示的时候较多。／힌트 2: 문장 전체의 주체 (주어) 는 「は」로 나타내는 경우가 많습니다. ／ Gợi ý 2: Chủ thể (chủ ngữ) của câu thường được thể hiện với「は」.

メインの文	：	山田さん は おかしを 食べました。
いつ？	：	あかちゃん が ねてから
どんなおかし？	：	おくさん の／が 買ってきた おかし

ふくしゅう 2

■ 文を 読んで、しつもんに こたえて ください。こたえは、いちばん いい ものをえらんで ください。

① わたしは、弟が 買ってきた おべんとうを 食べました。

だれが おべんとうを 食べましたか。　　　a. わたし　　　b. 弟

だれが おべんとうを 買ってきましたか。　a. わたし　　　b. 弟

② 母は、わたしが 姉に もらった 服を 着て 行った。

だれが もらいましたか。　　a. 母　　b. わたし　　c. 姉

だれが 着て 行きましたか。　a. 母　　b. わたし　　c. 姉

③ わたしの あげた 本を 読む まえに、小林さんは ユリンさんに かりた 本を 読んだ。

だれが あげましたか。　a. わたし　　b. 小林さん　　c. ユリンさん

だれが かりましたか。　a. わたし　　b. 小林さん　　c. ユリンさん

だれが 読みましたか。　a. わたし　　b. 小林さん　　c. ユリンさん

チャレンジ 2 の こたえ　①b　②c　③a

◆ 指示内容（これ・ここ・この〜・こんな〜・こう〜…）をつかむ

Understand the use of the demonstrative pronouns (これ・ここ・この〜・こんな〜・こう〜…)／抓住指示内容（これ・ここ・この〜・こんな〜・こう〜…)／지시 내용 (이것・이곳・이〜・이런〜・이렇게〜…) 을 파악한다／Nắm bắt nội dung chỉ thị (cáy này, chỗ này, 〜 này, 〜 như thế này, 〜 như thế)

> 直前に 述べた ことを 指す ことが 多いです！
> They often refer to something mentioned just before！／多指前面刚叙述过的事情！／직전에 말한 것을 가리키는 경우가 많다！／Thường chỉ nội dung vừa nói ở ngay trên!

チャレンジ 3　ぶんしょうを 読んで、しつもんに こたえて ください。

> 朝、カレーを 食べた。昼、レストランで すしと てんぷらを 食べた。
> 午後、ケーキを もらったので 食べた。これは あまり おいしくなかった。

① これは 何ですか。

　　a. カレー　　　　　b. すしと てんぷら　　　c. ケーキ

> 後で 述べる ことを 指す ことも たまに あります。
> They occasionally refer to something which will be mentioned next.／有时候也指后面所叙述的事情。／나중에 말한 것을 가리키는 경우도 가끔 있습니다．／Cũng có khi chỉ nội dung nói ở dưới.

> 山田さんは「きのうは たんじょうびの ケーキ、ありがとう。おいしかったです。
> これ、シンギさんに あげます。」と 言って、古い 時計を 本田さんに 渡した。

② これは 何ですか。

　　a. 山田さん　　　b. たんじょうびの ケーキ　　　c. 古い 時計

> 今まで 述べた ことを まとめて 指す ことも たまに あります。
> They are sometimes used in summarizing what has already been said.／有时候也总结到目前为止前面所叙述的事情。／지금까지 말한 것을 한꺼번에 가리키는 경우도 가끔 있습니다．／Cũng có khi chỉ chung nội dung đã nói.

> 朝、カレーを 食べた。昼、レストランで すしと てんぷらを 食べた。
> 午後、ケーキを もらったので 食べた。こんな 日は 晩ごはんを 食べない。

③ こんな 日は どんな 日ですか。
　a. レストランで 食べた 日
　b. ケーキを もらった 日
　c. たくさん 食べた 日

☞こたえはこのページの下

ふくしゅう 3

■ ぶんしょうを 読んで、しつもんに こたえて ください。こたえは、a〜cから いちばん いい ものを えらんで ください。

① きのうの 朝、料理を 作ったり せんたくを したり しなくてはいけませんでした。午後は そうじと 晩ごはんの 買い物を しなくてはいけなかったので、がんばりました。夜は うちで 仕事を しました。きのうは こうやって 一日が 過ぎました。

こうやってとは、どうやってですか。
　a. しなくてはいけない ことを して
　b. うちで 仕事を して
　c. 料理を たくさん して

② お昼ごはんは いつも、自分で 作った おべんとうを 食べます。でも、毎月 15日だけは、友だちと レストランで 食べます。これが わたしの いちばん 楽しい 時間です。

これは 何ですか。
　a. お昼ごはんを 食べる こと
　b. おべんとうを 作って行く こと
　c. 友だちと レストランで 食べる こと

③ ひさしぶりに 電車に のって ここに 来た。学生の ころは いつも この 駅から 学校に 行っていた。

ここは どこですか。
　a. 電車　　　　　　　b. この 駅　　　　　　　c. 学校

チャレンジ 3 の こたえ　①c　②c　③c

◆話の流れをつかむ 1（接続表現）

Grasp the flow of the passage1 (conjunctions)／抓住文章内容的逻辑关系1（接续的表达方式）／
이야기의 흐름을 파악한다 1 (접속 표현)／Nắm bắt cốt truyện 1 (biểu hiện kết nối)

> 接続表現の　イメージを　「＋」「⇒」などで　示しました。
> その　イメージを　もって、話の　流れを　つかみましょう。
> Conjunctions are represented here by symbols such as + and ⇒. Keep them in mind when you read and grasp the flow of the passage.／接续的表达方式用「＋」「⇒」等符号来表示，通过这种形象的符号来抓住句子的意思。／접속 표현의 이미지를「＋」「⇒」등으로 나타냈습니다．그 이미지로 이야기의 흐름을 파악합시다．정확히 이해합시다．／Hình ảnh của các biểu hiện kết nối được thể hiện bằng các dấu như「＋」,「⇒」. Cùng với hình ảnh đó, hãy nắm bắt cốt truyện.

そして・それから　＋

前に　述べた　ことに　付け加える　言い方。
These are used to add to what has already been said.／在前面叙述的事情上进行追加的说法。／앞에 말한 것에 덧붙이는 말투／Cách nói thêm vào những điều đã nói trước.

> 昼は　働きました。　　そして・それから　＋　　夜は　べんきょうしました。
> まず　宿題を　します。　　そして・それから　＋　　お風呂に　入ります。

- □ 夜　　night／晚上／밤／buổi tối
- □ まず　　first (of all)／首先／우선／trước tiên

だから・ですから　⇒

先に　理由を　述べ、後に　その　結果を　述べる　言い方。
These are used when the result of something is stated after the reason for it.／先叙述理由，后叙述结果的说法。／먼저 이유를 말하고 뒤에 그 결과를 말하는 화법．／Cách nói lí do trước, kết quả sau.

> ゆうべ　ねませんでした。　　だから・ですから　⇒　　ねむいです。
> きのう　けんかを　しました。　　だから・ですから　⇒　　会いたくありません。

- □ ねむい　　sleepy／犯困／졸리다／buồn ngủ
- □ けんか　　argument, quarrel／吵架／싸움／cãi nhau

でも・しかし・〜が ✕

前に 述べた ことに 対して 反対の 事柄を 続けて 述べる 言い方。
These are used to show that the second thing mentioned has an opposite meaning to the first.／相对前面所叙述的事情，继续叙述与其相反的情况。／앞에 말한 것에 대해 반대되는 내용을 이어서 말하는 화법.／Cách nói điều ngược lại với những điều đã nói trước.

> あの パソコンを 買いたいです。__でも・しかし ✕__ お金が ありません。
> 新幹線の ほうが はやい__が、✕__ バスの ほうが やすい。

- ☐ パソコン　computer／电脑／컴퓨터／máy vi tính
- ☐ 新幹線　Shinkansen (Bullet train)／新干线／신칸센／tàu cao tốc shinkansen

ふくしゅう 4

■ 文を つくります。a〜c から いちばん いい ものを えらんで ください。

① 　わたしの ねこは かわいいです。目が 大きくて ちゃいろいです。
　　毛は 短くて くろいです。それから、＿＿＿＿＿＿。

　a. あしが 長いです
　b. いぬは いません
　c. 好きでは ありません

② 　うちを 出るとき 急いでいたので、さいふを わすれました。
　　だから、たなかさん、＿＿＿＿＿＿。

　a. うちは とおいです
　b. わたしの さいふは どこですか
　c. お金を かして ください

③ 　ゆうべ ねませんでした。でも、＿＿＿＿＿＿。

　a. ねむいです
　b. ねむかったですか
　c. ねむくありません

◆ 話の 流れを つかむ 2 （副詞）

Grasp the flow of the passage 2 (adverbs) ／抓住文章内容的逻辑关系 2 （副词）／
이야기의 흐름을 파악한다 2 （부사）／ Nắm bắt cốt truyện 2 (phó từ)

> 副詞の イメージを 「△・□・◆…」「●」などで 示しました。
> その イメージを もって、文の 意味を 正確に 理解しましょう。
> Adverbs are represented here by symbols such as「△・□・◆…」and「●」. Keep them in mind when you read and understand the meaning of the sentence correctly. ／副词给大家的印象用「△・□・◆…」「●」等来表示。通过这些符号来理解句子的意思吧。／부사의 이미지를「△・□・◆…」「●」등으로 제시했습니다. 그 이미지를 가지고 문장의 의미를. ／ Hình ảnh của các phó từ được thể hiện bằng các dấu như「△・□・◆…」,「●」. Cùng với hình ảnh đó, hãy hiểu ý nghĩa của các câu một cách chính xác.

たとえば　△・□・◆…

具体的な 例を 表す 副詞。
This adverb is used to show a concrete example. ／表示具体事例的副词。／구체적인 예를 나타내는 부사 . ／ Phó từ chỉ ví dụ cụ thể.

> よく スポーツを します。たとえば、テニスや マラソンなどです。
> 　　　　　　　　　　　　　たとえば　△・□・◆…
>
> クラスの リーダーには、たとえば、山田さんや 田中さんは どうですか。
> 　　　　　　　　　　　　　たとえば　△・□・◆…

- □ テニス　　tennis ／网球／테니스／ ten-nít
- □ マラソン　marathon ／马拉松／마라톤／ ma-ra-tông
- □ リーダー　leader ／领头人／리더／ người dẫn đầu

毎日　よく　ときどき　あまり　ぜんぜん

動作の 頻度を 表す 副詞。
These adverbs are used to show the frequency of an activity. ／表示动作频度的副词。／동작의 빈도를 나타내는 부사 . ／ Phó từ chỉ mức độ thường xuyên của hành động.

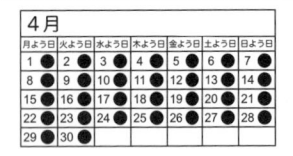

毎日 練習します　　　よく 練習します　　　ときどき 練習します

あまり 練習しません　　ぜんぜん 練習しません

とても◎　　あまり✗　　ぜんぜん✗✗

物事の　程度を　表す　副詞。
These adverbs are used to show a degree or level of something.／表示事物程度的副词。／사물의 정도를 나타내는 부사．／Phó từ chỉ mức độ của sự việc.

とても◎	とても　好きです。	とても　いそがしかったです。
あまり✗	あまり　好きではない。	あまり　話しません。
ぜんぜん✗✗	ぜんぜん　好きではない。	ぜんぜん　ねませんでした。

ふくしゅう 5

■ 文を　つくります。a〜cから　いちばん　いい　ものを　えらんで　ください。

① くだものが　大好きです。たとえば、＿＿＿＿＿＿＿。

a. みかんだけです
b. おいしいですから
c. バナナや　りんごなどです

② わたしは　よく　えいがを　＿＿＿＿＿＿＿。

a. 見ます
b. 見ません
c. 見たくないです

③ ゆうべ　あまり　＿＿＿＿＿＿＿。

a. ねました
b. ねたかったです
c. ねませんでした

2 いろいろな 文書(ぶんしょ)

Various types of documents
各式各样的文章
여러 유형의 문서
Các loại văn bản

1) チラシ・案内(あんない)

leaflet, guide ／广告单、指南／광고지・안내／ tờ rơi, văn bản hướng dẫn

第4回(だいかい)　チャリティーコンサート

日時(にちじ)　　：20XX年7月5日（土）
　　　　　　　　（ねん）（がつ）（か）（ど）

開場時間(かいじょうじかん)：13：00

開演時間(かいえんじかん)：13：30

場所(ばしょ)　　：さくらホール

料金(りょうきん)：2000円（税込）※すべて指定席です。
　　　　　　　　（えん）（ぜいこみ）　　　　（していせき）

定員(ていいん)：800人(にん)

内容(ないよう)：「まやオーケストラ」ショパン

問い合わせ・申し込み：まやオーケストラ
(とあ)　　　(もうこ)
　　　　　　　　　　03-9850-1111（10：00 – 18：00）

ことばと表現

- 日時(にちじ) date and time ／日期与时刻／일시／ngày giờ
  日程(にってい) schedule ／日程／일정／lịch trình
  日にち(ひ) day ／日期／날짜／ngày

- 開場時間(かいじょうじかん) the time the doors open ／开场时间／개장시간／thời gian mở cửa
  開演時間(かいえんじかん) the time a performance starts ／开演时间／개연 시간／thời gian bắt đầu biểu diễn
  開始時間(かいしじかん) opening time, starting time ／开始时间／개시시간／thời gian bắt đầu

- 場所(ばしょ) place, location ／地点／장소／địa điểm
  住所(じゅうしょ) address ／地址／주소／địa chỉ

- 料金(りょうきん) fee ／使用费／요금／chi phí
  費用(ひよう) cost ／费用／비용／chi phí
  参加費(さんかひ) registration fee ／参加费用／참가비／phí tham gia

- 指定席(していせき) reserved seats ／指定席／지정석／chỗ ngồi chỉ định
  自由席(じゆうせき) non-reserved seats ／自由席／자유석／chỗ ngồi tự do
  禁煙席(きんえんせき) non-smoking seats ／禁烟席／금연석／chỗ ngồi cấm hút thuốc
  喫煙席(きつえんせき) smoking seats ／吸烟席／흡연석／chỗ ngồi hút thuốc

- 定員(ていいん) fixed number of people ／定员／정원／sức chứa
  人数(にんずう) number of people ／人数・／인원수／số người
  客席(きゃくせき) seat(s) for the audience ／（剧场的）客人坐位／객석／chỗ ngồi

- 内容(ないよう) content(s) ／内容／내용／nội dung

- 問い合わせ(とあ) enquiry ／咨询／문의／liên lạc
  申込（申し込み）(もうしこみ) application ／申请／신청／đăng ký tham gia
  予約(よやく) reservation ／预约／예약／đặt trước

- 連絡先(れんらくさき) contact details ／联系地址／연락처／thông tin liên lạc
  電話番号(でんわばんごう) telephone number ／电话号码／전화번호／số điện thoại
  FAX FAX ／传真／팩스／FAX
  Eメール E-mail ／电子邮件／이메일／E-mail
  URL URL ／链接／URL／địa chỉ trang web

2）メール　E-mail／电子邮件／이메일／E-mail

差出人	marikaran@xxxxxx.com
宛先	shokoal@xxxxxx.com
件名	RE レポートについて
添付	レポート4.doc

しょうこさん

こんばんは。
レポートの　チェック、ありがとう　ございました。
まちがいを　直しました。
添付ファイルを　見て　ください。
それでは、あした！

まり

ことばと表現

- 差出人・From　sender／发信人／발신인／người gửi
- 宛先・To　destination／收信地址／수신인／người nhận
- 件名　subject／主题／용건명／chủ đề
- RE　abbreviation for "Regarding"／RE(「Regarding(关于〜)」的省略)／RE (「Regarding (〜에 관한)」의 줄인 말)／RE (là viết tắt của「Regarding (về〜)」)
- 〜について　about, concerning／关于〜／〜에 대해／về〜
- 添付ファイル　attached file／附件／첨부 파일／tệp đính kèm
- それでは　well, so, See you／那么／그럼, 그러면／vậy

3）ホームページ　home page ／网页／홈 페이지／ trang web

```
https://www.lib.mukashi.tokyo.jp/institution/7
```

さくら図書館(としょかん)

お知(し)らせ	：	現在(げんざい)、お知(し)らせは　ありません。
所在地(しょざいち)	：	東京都(とうきょうと)むかしの市(し)吉祥神1－1－1
開館時間(かいかんじかん)	：	午前(ごぜん)9時(じ)30分(ぷん)〜午後(ごご)8時(じ)
休館日(きゅうかんび)	：	金曜日(きんようび)
交通案内(こうつうあんない)	：	吉祥神駅(えき)　北口(きたぐち)から　徒歩(とほ)　5分(ふん)

ことばと表現(ひょうげん)

- □ **ホームページ**　home page ／网页／홈 페이지／ trang web

- □ **お知(し)らせ**　message, news ／通知／알림／ thông báo
  - **ご利用案内(りようあんない)**　user guide ／使用指南／이용 안내／ hướng dẫn sử dụng

- □ **所在地(しょざいち)**　location, place ／所在地／소재지／ địa chỉ
  - **住所(じゅうしょ)**　address ／地址／주소／ địa chỉ
  - **場所(ばしょ)**　place ／地点／장소／ địa điểm

- □ **開館時間(かいかんじかん)**　opening time (of a building) ／馆时间／개관시간／ thời gian mở cửa
  - **開園時間(かいえんじかん)**　opening time of a park or garden ／开园时间／개원시간／ thời gian mở cửa
  - **開店時間(かいてんじかん)**　opening time of a shop ／开店时间／개점시간／ thời gian mở cửa
  - **診療時間(しんりょうじかん)**　consulting hours (at a doctor's) ／诊察时间／진료시간／ thời gian khám bệnh

- □ **休館日(きゅうかんび)**　the day(s) a building is closed ／休馆日／휴관일／ ngày nghỉ
  - **開館日(かいかんび)**　the day(s) a building is open ／开馆日／개관일／ mở cửa
  - **定休日(ていきゅうび)**　a regular or fixed holiday ／固定休日／정기 휴일／ ngày nghỉ
  - **休日(きゅうじつ)**　holiday ／休息日／휴일／ ngày nghỉ
  - **休診日(きゅうしんび)**　a doctor's (hospital's) holiday ／休诊日／휴진일／ ngày nghỉ

- □ **交通案内(こうつうあんない)**　an explanation of how to get somewhere by, for example, car or train ／交通指南／교통안내／ hướng dẫn phương tiện giao thông
  - **アクセス**　access to somewhere ／检索点击／교통수단／ hướng dẫn cách đi

- □ **その他(た)**　other (things) ／其他／그 밖／ khác

4）広告・クーポン・サービス券

advertisement, advertising・coupon, voucher・discount ticket／广告、优惠券、打折券／광고・쿠폰・서비스권／quảng cáo, phiếu giảm giá, phiếu giảm giá

げんきドラッグ

クーポン 10% OFF

店内　商品（酒　除く）

ご利用　期間：4／5-4／28
全店で　ご利用いただけます。

ACアウトドア

サービス券
５００円

有効期限　20XX年４月末日まで
　　新宿店のみ　有効

ことばと表現

- 店内商品（てんないしょうひん）　products in the shop ／店内商品／가게 안의 상품／ hàng hoá trong cửa hàng
  全品（ぜんぴん）　all the products ／全部商品／전상품／ tát cả hàng hoá
  ○○除く（のぞ）　except for ○○ , apart from ○○／○○除外／○○제외하다／ ngoài ○○

- ご利用期間（りようきかん）　the period of time something can be used ／使用时间／이용기간／ thời gian sử dụng
  有効期限（ゆうこうきげん）　the period of time something is valid ／有效期限／유효기간／ thời gian hữu hạn
  ○月末日まで（がつまつじつ）　until the last day of the month ／到○月末为止／○월말까지／ cho đến ngày cuối tháng ○

- 無料（むりょう）　free of charge ／免费／무료／ miễn phí
  半額（はんがく）　half price ／半价／반액／ nửa giá
  3割引（わりびき）　30% discount ／七折／30% 할인／ giảm 30 %
  30%オフ　30% off ／七折／30% 할인／ giảm 30 %

- ○○店のみ有効（てん）（ゆうこう）　valid only at ○○ store ／只在○○店有效／○○점만 유효／ chỉ có thể sử dụng ở chi nhánh ○○
  全店でご利用いただけます。（ぜんてん）（りよう）　You can use it at any store. ／全店都能使用．／전 점포에서 이용하실 수 있습니다．／ Có thể sử dụng ở tất cả chi nhánh.

5) 掲示物・看板 notice-board・sign, billboard ／通知、海报／게시물・간판／ tờ thông báo, biển hiệu

日本語教室の　注意

◆ 教室では、日本語を　話しましょう。

◆ 授業の　あと、ごみを　ひろって　ください。

◆ 私物を　おいて　帰らないで　ください。

◆ 教室で　つぎの　ことを　してはいけません。
　・食べ物を　食べる
　・たばこを　すう

ことばと表現

□ 注意　notice, warning ／注意事项／주의／ chú ý
　規則　regulations ／规则／규칙／ quy tắc
　ルール　rules ／规矩／룰／ quy tắc
　お願い　requests ／注意事项／부탁／ yêu cầu

□ ～ましょう。　　Let's (do something) ／～吧。／ ~ㅂ/읍시다／ Hãy ～.

□ ～てください。　Please (do something) ／请～。／ ~아/어 주십시오 주세요／ Xin hãy ～.

□ ～ないでください。　Please don't (do something) ／请不要～。／ ~지 마십시오／ Xin đừng ～.

□ ～てはいけません。　(You) must not (do something) ／禁止～。／ ~서는/어서는 안됩니다．／ Cấm ～.

6) 日記・ブログ diary, blog ／日记, 博客／일기, 블로그／ nhật ký, blog

2月21日（土）くもり

わたしは よく 図書館に 行って 勉強する。喫茶店で 勉強する 人も いるが、わたしは 喫茶店で 勉強するのが あまり 好きではない。まわりが うるさいからだ。図書館の ほうが しずかで いい。今日も 図書館に 行って 勉強した。でも、今日は 図書館が しずかではなかった。子どもたちが 本を 読みながら 話していたからだ。30分くらい うるさかったが、そのあと 図書館員が 注意して しずかになった。

日記では、基本体が 使われる ことが 多いです。
文末に「た」が あったら 過去の こと、「な」が あったら 否定の 意味を 表すと わかります。

Plain form is used a lot in the diary. In addition,「た」at the end of a sentence indicates the past tense, while「な」shows that there is a negative meaning.／日记基本上使用敬语。此外，句末如果有「た」则表示过去，如果有「な」则表示否定的意思。／일기에서는 기본형이 사용되는 경우가 많습니다. 또 문 말에「た」가 오면 과거,「な」가 있으면 부정의 의미를 나타냅니다.／Thể thông thường thường được sử dụng trong bài nhật ký. Nếu có chữ「た」ở cuối câu thì phần đó nói về quá khứ, còn có chữ「な」thì phần đó mang ý nghĩa phủ định.

例：

非過去・肯定	非過去・否定	過去・肯定	過去・否定
non-past・affirmative／非过去・肯定／비 과거・긍정／phi quá khứ, khẳng định	non-past・negative／非过去・否定／비 과거・부정／phi quá khứ, phủ định	past・affirmative／过去・肯定／과거・긍정／quá khứ, khẳng định	past・negative／过去・否定／과거・부정／quá khứ, phủ định
ひまだ。	ひまでは**ない**。	ひまだっ**た**。	ひまでは**なかった**。
おいしい。	おいしく**ない**。	おいしかっ**た**。	おいしく**なかった**。
食べる。	食べ**ない**。	食べ**た**。	食べ**なかった**。

3 テーマ別キーワード

Keywords relating to various topics
主题分类的关键词
테마 별 키워드
Từ chìa khoá theo chủ đề

●学校 がっこう	School ／学校／학교／ Trường học	練習 れんしゅう	practice, exercise ／练习／연습／ luyện tập
教室 きょうしつ	classroom ／教室／교실／ phòng học	質問 しつもん	question ／问题／질문／ câu hỏi
授業 じゅぎょう	lesson ／上课／수업／ giờ học	答え こた	answer ／答案／답／ câu trả lời
図書館 としょかん	library ／图书馆／도서관／ thư viện	教科書 きょうかしょ	textbook ／教科书／교과서／ sách giáo khoa
夏休み なつやす	summer holiday ／暑假／여름방학／ kỳ nghỉ hè	テキスト	textbook, text ／教科书, 教材／텍스트／ sách giáo khoa
卒業 そつぎょう	graduation ／毕业／졸업／ tốt nghiệp		
先生 せんせい	teacher ／老师／선생님／ giáo viên	●日本語 にほんご	Japanese ／日语／일본어／ Tiếng Nhật
生徒 せいと	student ／学生／학생 (주로 중고등학생) ／ học sinh	文法 ぶんぽう	grammar ／语法／문법／ ngữ pháp
クラスメート	classmate ／同班同学／반 친구／ bạn cùng lớp	発音 はつおん	pronunciation ／发音／발음／ phát âm
先輩 せんぱい	an older student, a student in a higher grade ／前辈／선배／ đàn anh, đàn chị	漢字 かんじ	Chinese characters, kanji ／汉字／한자／ chữ Hán
後輩 こうはい	a younger student, a student in a lower grade ／后辈／후배／ đàn em	言葉 ことば	word, language ／词语／말／ từ ngữ
		意味 いみ	meaning ／意思／의미／ ý nghĩa
●勉強 べんきょう	Study ／学习／공부／ Học tập	文 ぶん	sentence ／句子／문장／ câu
宿題 しゅくだい	homework ／习题／숙제／ bài tập ở nhà	文章 ぶんしょう	sentence, writing ／文章／문장, 글／ văn bản
復習 ふくしゅう	review ／复习／복습／ ôn tập	会話 かいわ	conversation, talking ／会话／회화／ hội thoại
テスト	test ／测试／시험／ bài kiểm tra	初級 しょきゅう	elementary level ／初级／초급／ sơ cấp

中級（ちゅうきゅう）	intermediate level ／中级／중급／ trung cấp
上級（じょうきゅう）	advanced level ／高级／상급／ cao cấp
外国語（がいこくご）	foreign language ／外语／외국어／ ngoại ngữ
●会社（かいしゃ）	Company ／公司／회사／ Công ty
仕事（しごと）	work ／工作／일／ việc làm
会議（かいぎ）	meeting ／会议／회의／ cuộc họp
会議室（かいぎしつ）	meeting room ／会议室／회의실／ phòng họp
部長（ぶちょう）	head of a department ／部长／부장／ trưởng phòng
課長（かちょう）	head of a section ／科长／과장／ trưởng khoa
社長（しゃちょう）	president, managing director ／社长／사장／ giám đốc
●料理（りょうり）	Cooking, Food ／料理／요리／ Món ăn
日本料理（にほんりょうり）	Japanese food, Japanese cooking ／日本料理／일본 요리／ món ăn Nhật Bản
作ります（つくります）	to make, to cook ／制作／만들다／ nấu ăn
レストラン	restaurant ／餐厅／레스토랑／ nhà hàng
食前（しょくぜん）	before a meal ／餐前／식전／ trước khi ăn
食後（しょくご）	after a meal ／餐后／식후／ sau khi ăn

焼く（やく）	to grill, to bake, to roast ／烧、烤／굽다／ nướng
生（なま）	raw, fresh, uncooked ／生的／생, 날것／ sống tươi
台所（だいどころ）	kitchen ／厨房／부엌／ phòng bếp
れいぞうこ	refrigerator ／电冰箱／냉장고／ tủ lạnh
野菜（やさい）	vegetable ／蔬菜／야채／ rau củ
くだもの	fruits ／水果／과일／ hoa quả
ぶた肉（にく）	pork ／猪肉／돼지고기／ thịt lợn
とり肉（にく）	chicken ／鸡肉／닭고기／ thịt gà
ぎゅう肉（にく）	beef ／牛肉／소고기／ thịt bò
魚（さかな）	fish ／鱼／생선／ cá
にんじん	carrot ／胡萝卜／당근／ cà rốt
たまねぎ	onion ／洋葱／양파／ hành tây
ねぎ	leek ／大葱／파／ hành
じゃがいも	potato ／土豆／감자／ khoai tây
油（あぶら）	oil ／油／기름／ dầu
包丁（ほうちょう）	kichen knife ／菜刀／부엌칼／ dao
フライパン	frying pan ／平底锅／프라이팬／ chảo

●スポーツ	Sport ／运动／스포츠／ Thể thao	ごみ置き場	place to put your garbage, garbage collection point ／垃圾站／쓰레기장／ chỗ để rác
チーム	team ／队伍／팀／ đội, nhóm	ごみを出します	to take out the garbage ／扔垃圾／쓰레기를 버리다／ vứt rác
勝ちます	to win ／胜利／이기다／ thắng	びん	bottle, jar ／瓶子／병／ chai
負けます	to lose ／失败，输／지다／ thua	かん	can, tin ／易拉罐／캔／ lon
試合	game, match ／比赛／시합／ trận đấu		
ボール	ball ／球／공／ bóng	●病気・けが	Illness, Injury ／生病，受伤／병，부상／ Bệnh tật, Vết thương
コート	court ／场地／코트／ sân chơi thể thao	病院	hospital ／医院／병원／ bệnh viện
強い	strong ／强的／강하다／ mạnh	かぜ	cold ／感冒／감기／ bệnh cảm
弱い	weak ／弱的／약하다／ yếu	熱	fever ／发烧／열／ cơn sốt
バレーボール	volleyball ／排球／배구／ bóng chuyền	薬	medicine ／药／약／ thuốc
バスケットボール	basketball ／篮球／농구／ bóng rổ	けが	injury ／受伤／부상／ thương tích
水泳	swimming ／游泳／수영／ bơi lội	かぜをひきます	to catch a cold ／感冒／감기에 걸리다／ bị cảm
プール	pool ／游泳池／풀／ bể bơi		
		●公園・施設	Park, Facilities ／公园，设施／공원，시설／ Công viên, Thiết bị
●ごみ	Garbage ／垃圾／쓰레기／ Rác	注意	care, attention, warning ／注意／주의／ chú ý
燃えるごみ	burnable garbage ／可燃垃圾／가연 쓰레기／ rác cháy được	規則	regulation, rule ／规则／규칙／ quy tắc
燃えないごみ	non-burnable garbage ／不可燃垃圾／불연 쓰레기／ rác không cháy được	映画館	cinema, movie theater ／电影院／영화관／ rạp chiếu phim
リサイクル	recycling ／再循环利用／리사이클(재생)／ tái sử dụng	美術館	art gallery ／美术馆／미술관／ bảo tàng mĩ thuật

動物園(どうぶつえん)	zoo／动物园／동물원／vườn thú	テレビ	television／电视／텔레비전／ti vi
大人(おとな)	adults／成人（票）／어른／người lớn	お風呂(ふろ)	bath／泡澡／목욕／tắm
子(こ)ども	children／儿童（票）／아이／trẻ em	アパート	apartment／公寓／아파트／chung cư
チケット	ticket／票／티켓／vé	買(か)い物(もの)	shopping／买东西／쇼핑／mua sắm

●旅行(りょこう)	Trips／旅行／여행／Du lịch	●趣味(しゅみ)	Hobbies and Interests／爱好／취미／Sở thích
飛行機(ひこうき)	aeroplane, airplane／飞机／비행기／máy bay	旅行(りょこう)	trip／旅行／여행／du lịch
新幹線(しんかんせん)	bullet train, Shinkansen／新干线／신칸센／tàu cao tốc shinkansen	ハイキング	hiking／郊游／하이킹／leo núi
タクシー	taxi／出租车／택시／tắc xi	映画(えいが)	movie／电影／영화관／phim
ホテル	hotel／酒店／호텔／khách sạn	音楽(おんがく)	music／音乐／음악／âm nhạc
旅館(りょかん)	Japanese style hotel, inn／旅馆／여관／nhà trọ kiểu Nhật	絵(え)	picture／绘画／그림／hình vẽ
写真(しゃしん)	photograph／照相／사진／ảnh	ゲーム	game／游戏／게임／trận đấu, trò chơi
空港(くうこう)	airport／机场／공항／sân bay	バーベキュー	barbecue／烧烤／바비큐／ba-bê-kiu

●生活(せいかつ)	Life, Lifestyle／生活／생활／Cuộc sống	●IT	IT／IT／IT／Công nghệ thông tin
引(ひ)っ越(こ)し	moving house／搬家／이사／chuyển nhà	パソコン	computer／电脑／컴퓨터／máy vi tính
アルバイト	part-time job／打工／아르바이트／việc làm thêm	コンピューター	computer／电脑／컴퓨터／máy vi tính
休(やす)み	holiday, day(s) off／休息／쉼／nghỉ	インターネット	Internet／网络／인터넷／mạng, internet

語	訳
Eメール	e-mail／电子邮件／이메일／thư điện tử
スマホ／スマートフォン	smart phone／智能手机／스마트폰／điện thoại thông minh

●天気（てんき）
The Weather／天气／날씨／Thời tiết

語	訳
雨（あめ）	rain／雨／비／mưa
晴れ（は）	fine, sunny, clear／晴／맑음／nắng đẹp
くもり	cloudy, overcast／阴天／흐림／nhiều mây
雪（ゆき）	snow／雪／눈／tuyết
雲（くも）	cloud／云／구름／mây
風（かぜ）	wind／风／바람／gió

●感情（かんじょう）
Feelings, Emotions／感情／감정／Cảm xúc

語	訳
うれしい	happy／高兴的／기쁘다／mừng
かなしい	sad／悲伤的／슬프다／buồn
さびしい	lonely／寂寞的／외롭다／cô đơn
こわい	scared／可怕的／무섭다／sợ
たのしい	happy, merry, having fun／高兴的, 玩乐／즐겁다／vui
おどろきます	to be surprised／惊奇／놀랍니다／ngạc nhiên
びっくりします	to be astonished, amazed, shocked／吃惊／놀랍니다／ngạc nhiên

●性格・人物（せいかく・じんぶつ）
Personality, Character／人物, 性格／성격, 인물／Tính cách, Con người

語	訳
やさしい	kind, gentle／温柔的／친절하다, 상냥하다／hiền lành
しんせつ(な)	kind／亲切的／친절／tốt bụng
おもしろい	interesting, funny／有趣的／재미있다／vui tính
まじめ(な)	serious, honest／认真的／성실／chăm chỉ
きびしい	strict／寂寞的／엄격하다／nghiêm khắc
あまい	lenient, liberal／不严格的／무르다／không nghiêm khắc
恥（は）ずかしがり屋（や）	a shy person／害羞的人／수줍어하는 사람／hay xấu hổ
寂（さび）しがり屋（や）	(a person who) gets lonely easily and needs to be with other people／害怕孤独寂寞的人／외로움을 타는 사람／hay cảm thấy cô đơn
頭（あたま）がいい	smart, intelligent／聪明的／머리가 좋다／thông minh

PART 2

実戦練習
じっせんれんしゅう

Practice Exercises
实战练习
실전 연습
Bài luyện tập thực hành

短文

もんだい つぎの (1)から (24)の ぶんしょうを 読んで、しつもんに こたえて ください。こたえは、1・2・3・4から いちばん いい ものを 一つ えらんで ください。

(1) 　　　　　　　　　　　　　　　　　　　⏳ **4分でチャレンジ**

先月、わたしも、母も、旅行に 行きました。わたしは 四国に 行って、美術館を 見ました。母は、北海道で きれいな 花を 見ました。わたしは、おみやげに 絵はがきを あげ、母から おいしい おかしを もらいました。

1 「わたし」は 母に 何を あげましたか。

　　1　旅行
　　2　花
　　3　おかし
　　4　絵はがき

（2）　　　　　　　　　　　　　　　　　　　　　　⌛ 4分でチャレンジ

　わたしの　かぞくは、五人（ごにん）　かぞくです。父（ちち）と　母（はは）と　兄（あに）と　弟（おとうと）です。きょうだいで　女（おんな）は　わたししか　いないので、つまらないです。これは　きょねん　行（い）った　りょこうの　しゃしんです。

□ かぞく　　family／家人／가족／gia đình

2　「わたし」の　りょこうの　しゃしんは　どれですか。

(3)

ルームメートの ミンヘさんからの メモです。

> アルさん
>
> さきに 学校に 行きます。きょうしつで 会いましょう。
> 電気を けして 出かけて ください。
> 先生に かりた 本を わすれないで くださいね！
>
> ミンヘ

- ルームメート　roommate／室友／룸메이트／bạn cùng phòng
- さきに　before, ahead／先／먼저／trước

3 アルさんは 出かける まえに 何を しますか。

1 学校に 行きます。
2 ミンヘさんと 会います。
3 電気を けします。
4 先生に かりた 本を 読みます。

(4)　　　　　　　　　　　　　　　　　　　　4分でチャレンジ

　今日は 天気が よかったので、いつもの 道を とおらないで、こうえんを さんぽしながら 学校に 行きました。わたしの うちから 学校まで、いつもは あるいて 15分ですが、今日は 30分 かかりました。でも、きもちが よかったです。

□ とおらない（とおります）　to go along, to pass／经过／지나다／đi qua

□ きもちが よかった（きもちが いい）　feels nice, a nice feeling／心情好／기분이 좋다／dễ chịu

4　「わたし」は 今日 何を しましたか。

　　1　こうえんを とおって 学校に 行きました。
　　2　学校に 行かないで こうえんを さんぽしました。
　　3　いつもの 道を ゆっくり あるいて 学校に 行きました。
　　4　学校から いつもの 道で こうえんに 行きました。

（5）　　　　　　　　　　　　　　　　　　　　　　　⌛ 4分でチャレンジ

わたしは　せんしゅう　ひっこしました。新しい　アパートから　いろいろ　見えます。とおくに　山が　見えます。東京タワーも　見えます。でも、東京タワーの　前に　高い　ビルが　たくさん　ならんでいるので、ぜんぶは　見えません。

☐ とおく　far, far away／远的／멀리／xa

☐ 東京タワー　Tokyo Tower／东京塔／동경타워／tháp Tokyo

☐ ビル　building／大厦／빌딩／toà nhà

5　「わたし」の　アパートから　見えるのは　どれですか。

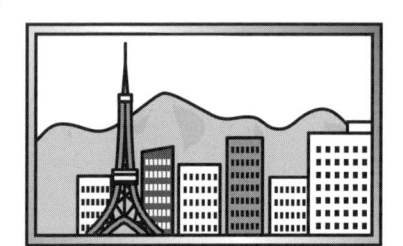

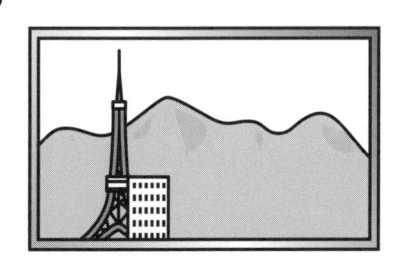

（6）

日本語学校に ある 貼り紙です。

> **チェック！**
>
> ・帰る とき、机の 上には 何も おかないで ください。
> ・金よう日には、机の 中の ものを 持って 帰りましょう。

□ 貼り紙　poster, bill ／贴纸／벽보／ giấy dán

6 貼り紙と ちがって よくないのは どれですか。

1　いつも、帰る ときに、机の 上には 何も ありません。
2　火よう日、帰る ときに、机の 中に ものが あります。
3　金よう日、帰る ときに、机の 中に 何も おきません。
4　金よう日、帰る ときに、机の 中の ものが あります。

(7)

わたしの 家には、広い 庭が あります。わたしの 母は、きれいな 庭を つくります。もうすぐ 春です。春は、庭に たくさん 花が 咲きます。わたしは チューリップが 好きです。だから、母は チューリップを たくさん 植えます。

- □咲きます　to bloom／花开／피다／nở
- □チューリップ　tulip／郁金香／튤립／hoa tuy líp
- □植えます　to plant／种植／심다／trồng

[7] 母は、どうして チューリップを 植えますか。

1　わたしの 好きな 花だからです。
2　自分の 好きな 花だからです。
3　とても きれいな 花だからです。
4　花が たくさん 咲くからです。

（8）　　　　　　　　　　　　　　　　　　　　4分でチャレンジ

三木さんは、田中さんに　メールを　おくりました。

田中さん

こんにちは。
わたしは、NA210便で、あしたの　朝　9時に　空港に　着きます。お迎えを　ありがとうございます。
わたしは、長い　コートを　着ています。かみは　短いです。スーツケースの　色は　白で、黒い　カバンを　持っています。
よろしく　お願いします。

三木

- □ 〜便　　flight (number) ／〜航班／〜 편／ chuyến
- □ お迎え　　meeting, picking up ／迎接／마중／ đón
- □ かみ　　hair ／头发／머리카락／ tóc
- □ スーツケース　　suitcase ／旅行箱／슈트케이스／ va li

[8] 三木さんは、どれですか。

(9)

　ルームメートの　まりさんから　カクさんに　メモが　ありました。

> カクさん、こんばん　カレーを　つくりましょう。
> にく、たまねぎ、にんじん、じゃがいも、カレールーが
> ほしいです。たまねぎと　にんじんは　あります。
> にく、じゃがいも、カレールーを　買ってきてください。
> しょうこさんは　ぶたにくが　きらいなので、ぎゅう
> にくに　しましょう。カクさん、買い物、おねがいし
> ますね！
>
> 　　　　　　　　　　　　　　　　　　　　　　　まり

☐ ルームメート　　roommate／室友／룸메이트／bạn cùng phòng

9　カクさんは　何を　買いますか。

1　ぎゅうにく、たまねぎ、にんじん
2　ぶたにく、たまねぎ、にんじん、じゃがいも、カレールー
3　ぎゅうにく、じゃがいも、カレールー
4　ぶたにく、じゃがいも、カレールー

(10) 　　　　　　　　　　　　　　　　　　　　⏳ 4分でチャレンジ

静岡に　旅行に　行きました。静岡には　きれいな　海が　あります。だから、海の　ちかくで　しんせんな　魚を　食べました。とても　おいしかったです。それから、富士山が　きれいに　見える　ホテルに　とまりました。でも、天気が　よくなくて、見えませんでした。

☐ 静岡　　Shizuoka (the name of a place) ／静冈（地名）／시즈오카 (지명) ／Shizuoka (địa danh)
☐ しんせんな　　fresh ／新鲜的／신선한／tươi
☐ 富士山　　Mount Fuji ／富士山／후지산／ núi Phú Sĩ
☐ とまります　　to stay ／停住／묵습니다／ở lại qua đêm

10　「わたし」は　静岡で　何を　しましたか。

1　きれいな　海で　およぎました。
2　おいしい　魚を　たべました。
3　海が　見える　ホテルに　とまりました。
4　富士山を　見ました。

(11)

机も いすも 古く なったので、新しいのを 買いました。大きいので、窓の そばに おきました。窓の そばに あった ベッドは、ドアの 近くに おきました。本だなは、いすの うしろです。小さい 机も ほしいですが、お金が ないから 買いませんでした。

11 「わたし」の へやは どれですか。

1

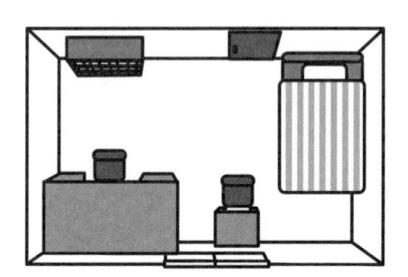

2

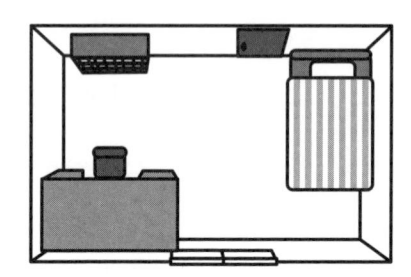

3

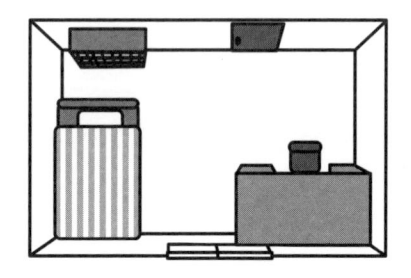

4

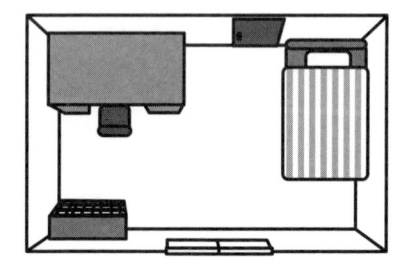

(12)

これは、日本語学校に ある ポスターです。

風邪に 注意！

1. **手洗い**　外から 帰った とき、しょくじの まえ
2. **うがい**　一日に 2回 以上
3. **マスク**　人が 多い ところでは マスクを！
　　　　　　（電車や 教室など）
4. **飲み物**　いつも 水や お茶などを 飲みましょう。

　　　まいにち げんきに 学校に 来てください！

- □ しょくじ　　meal／进餐，吃饭，饮食／식사／bữa ăn
- □ うがい　　　gargling／漱口／양치／súc miệng
- □ 以上　　　　more than／以上／이상／trở lên
- □ マスク　　　mask／口罩／마스크／khẩu trang

[12]　ポスターと 合っていないのは、どれですか。

1　手洗いは 一日に 2回 以上 します。
2　一日に 1回の うがいは 少ないです。
3　マスクは 教室では してはいけません。
4　水などを よく 飲んだ ほうが いいです。

(13)

あなたは、犬が　好きですか、ねこが　好きですか。わたしは、犬が　好きです。小さい　ときから、わたしの　家には　犬が　いるからです。いつも、いっしょに　走って　遊んでいました。ねこは　いっしょに　いた　ことが　ないから、よく　わかりません。

[13] 「わたし」は、どうして　犬が　好きですか。

1　犬は　あまり　小さくないからです。
2　子どもの　ときから、犬と　住んでいるからです。
3　犬は　ねこより　かわいいからです。
4　犬は　よく　走るからです。

(14)　　　　　　　　　　　　　　　　　　　　⌛ 4分でチャレンジ

三木さんは　会社に　います。山川さんから、メールが　来ました。

三木さん

すみませんが、会社に、かいぎの　CD-Rを　忘れました。
わたしの　机の　上に、箱が　あります。その　中に　ありませんか。
それか、上から　2ばん目の　引き出しを　見て　ください。
あとで　電話します。

山川

☐ かいぎ　meeting／会议／회의／cuộc họp
☐ 引き出し　drawer／抽屉／서랍／ngăn kéo

14　三木さんは、どこと　どこを　見ますか。

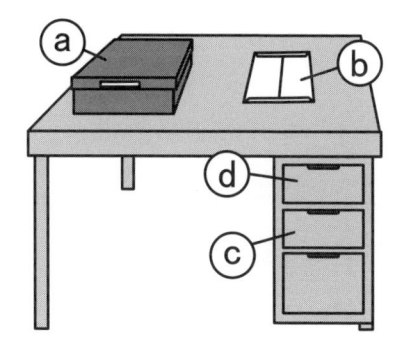

1　aとb
2　aとc
3　bとc
4　bとd

(15)   4分でチャレンジ

これは 日本語学校の 貼り紙です。

「教室当番」の しごと

毎日、二人、「教室当番」に なって、つぎの ことを して ください。

1. 授業の あと、ホワイトボードを けして、きれいに する。
2. 帰る まえに、かんたんに 教室の そうじを する。
3. 帰る まえに、まどを しめて、電気と エアコンを けす。

> 電気を 大切に！

☐ 当番　a roster, a turn／值日，当班／당번／lượt (làm việc)

☐ ホワイトボード　whiteboard／白板／화이트보드／bảng trắng

☐ エアコン　air conditioner／空调／에어컨／máy điều hoà

---

15 上の 貼り紙と 合っているのは どれですか。

1　学校に 来て すぐ、ホワイトボードを きれいに します。
2　授業の まえに まどを あけます。
3　電気と エアコンを けしてから 帰ります。
4　クラスの みんなと、いっしょに そうじを します。

50

(16)

はるかさんは、さつきさんから メールを もらいました。

はるかさん、こんにちは。さつきです。
お元気ですか。

来月の 12日の 夜、あきこさんと 新宿で 会います。
あきこさんは、11日に 大阪から 東京に 来ます。
はるかさんは 時間が ありますか。いっしょに 会いたいです。

---

[16] さつきさんは、何を したいと 言っていますか。

1　はるかさんと あきこさんと 会いたいです。
2　あきこさんと 会ってから、はるかさんと 会いたいです。
3　あきこさんに 会いに、大阪に 行きたいです。
4　はるかさんに 会いに、はるかさんの 家に 行きたいです。

(17)　　　　　　　　　　　　　　　　　　　　⏳ **4分でチャレンジ**

　わたしの　マンションは　とても　便利です。マンションの　前に　バス停が　あって、マンションの　下に　コンビニが　あります。郵便局も　となりに　あります。駅は　とおいですが、学校には　自転車で　行くので　大丈夫です。自転車は　じぶんの　へやに　入れます。

- バス停　　bus stop ／公交车站／버스정류장／ trạm xe buýt
- コンビニ　　convenience store ／便利店／편의점／ cửa hàng tiện lợi

17　「わたし」の　マンションは　どれですか。

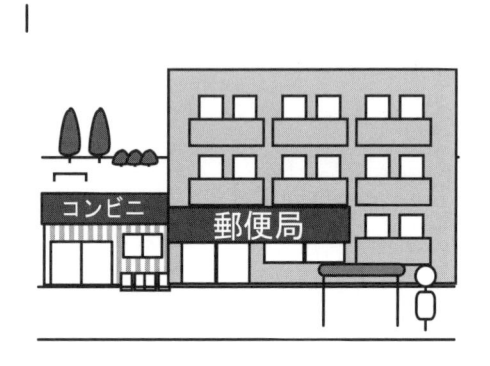

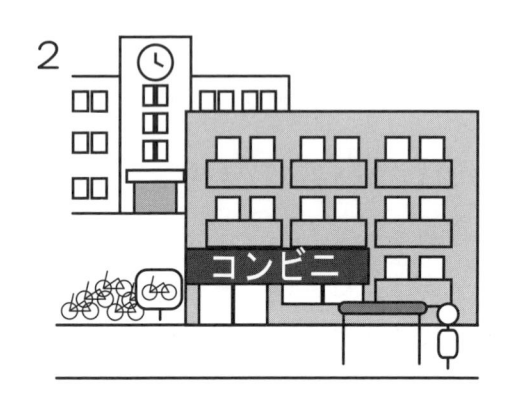

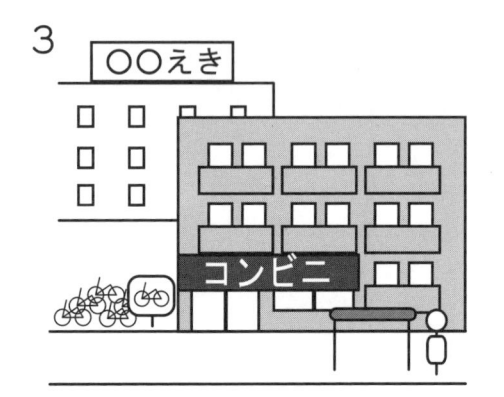

(18)　　　　　　　　　　　　　　　　　4分でチャレンジ

体温計の　使いかた

● 体温計を　わきの　下に　入れて、
　体温を　測ります。

● 子どもは、おとなと　いっしょに　使って　ください。

● スポーツを　した　あとや、ごはんを　食べた　あとで、体温を　測らないで　ください。30分　静かにして、それから　測って　ください。

- ☐ 体温計　　thermometer　／体温計／체온계／ nhiệt kế
- ☐ わき　　armpit／腋下／겨드랑이, 옆／ nách
- ☐ 体温　　(body) temperature／体温／체온／ nhiệt độ cơ thể
- ☐ 測ります　　to measure, to take／測量／재다／ đo

18 大学生の　チアゴさんは、10分　前に　昼ごはんを　食べました。体重を　測りたいです。どう　しますか。

1　今すぐ　測ります。
2　おとなと　いっしょに　使います。
3　20分　後に　測ります。
4　体温計を　口に　入れて　測ります。

(19)

あさってから、友だちと 北海道に 旅行に 行きます。北海道には、飛行機で行きます。わたしは、まえの 日に、空港の 近くの ホテルに とまります。朝6時40分までに 空港に 行かなければなりませんが、その 時間は 電車がないからです。友だちは、空港の 近くに 住んでいるので、朝、電車で 空港に 行く ことが できます。

- ☐ 北海道　Hokkaido（the name of a region）／北海道（地区名）／훗카이도（지역 이름）／Hokkaido (tên địa phương)
- ☐ 空港　airport／机场／공항／sân bay
- ☐ とまります　to stay／住宿／묵다／ở lại qua đêm

19　「わたし」は、あした、どう しますか。

1　6時40分に 飛行機に 乗ります。
2　友だちと ホテルに とまります。
3　一人で ホテルに とまります。
4　友だちの 家に とまります。

(20)　　　　　　　　　　　　　　　　　　　　　　4分でチャレンジ

山田さんが　チョウさんに　メールを　おくりました。

差出人	yamada@xxxxxx.com
宛先	cyoutou@xxxxxx.com
件名	みかよさんについて

チョウさん

あした　きくな駅で　みかよさんと　あいますね。
みかよさんは、背が　あまり　高くないです。かみが　長いです。
かおは　まるくて、わたしに　にています。
みかよさんは　あした　長い　かさを　持って　行きます。
みかよさんの　電話番号は、080-4545-4545です。
よろしく　おねがいします。

山田

☐ おくります　to send／邮寄, 送／보내다／gửi
☐ かみ　hair／头发／머리카락／tóc

20　みかよさんは　どの　人ですか。

(21)

もうすぐ パーティーが あります。あきこさんが みんなに メールを おくりました。

みなさま

土よう日の パーティーの 連絡を します。
みんなで、なべを 作りましょう。ゆみさんは ネギ、さとこさんは ニンジン、はるかさんは とりにくを 買ってきて ください。わたしは、魚を 買います。
わたしの 家には 包丁が 一つ しか ありません。すみませんが、やさいは 切ってから、わたしの 家に 持ってきて ください。
では、よろしく お願いします。

あきこ

- ☐ 連絡　contact／联系／연락／liên lạc
- ☐ なべ　a large pot, a type of stew cooked in a pot／锅／냄비／nồi, lẩu
- ☐ ネギ　leek／葱／파／hành
- ☐ ニンジン　carrot／胡萝卜／당근／cà rốt
- ☐ 包丁　kitchen knife／菜刀／부엌칼／dao

21 ゆみさんは、何を しますか。

1　ネギを 買って、切ってから、あきこさんの 家に 行きます。
2　ニンジンを 買って、切ってから、あきこさんの 家に 行きます。
3　ネギを 買って、あきこさんの 家に 行ってから、やさいを 切ります。
4　ネギを 買って、自分の 包丁を 持って、あきこさんの 家に 行きます。

(22)

朝、わたしの 携帯電話が なりました。友だちの しょうこさんの 番号でした。わたしは 「もしもし。」と 言いましたが、とても 静かです。「しょうこさん、大丈夫？ 病気ですか。」わたしは 大きな 声を 出しました。そして、しょうこさんが 「あっ、なおこさん？ おはよう。」と 小さい 声で 言いました。「しょうこさん、わたしに 電話を かけましたか。」「携帯電話を ベッドに おいて 寝ました。ごめんなさい。」たぶん、しょうこさんは、寝ている とき、携帯電話の ボタンを 押しました。

☐ 携帯電話　mobile phone, cell phone／手机／핸드폰／điện thoại di động

22 なおこさんが 「もしもし。」と 言った とき、しょうこさんは、どうして 何も 言いませんでしたか。

1　病気だったからです。
2　寝ていたからです。
3　なおこさんの 声が 小さかったからです。
4　電話が そばに なかったからです。

(23)

　わたしの　好きな　喫茶店は　カフェ・リーです。カフェ・リーには、ねこが　います。でも、ねこは　お客さんの　近くには　行きません。いつも　まどの　そばで　外を　見ています。カフェ・リーには、ピアノが　あります。でも、いすが　ありません。お客さんは、床に　すわります。

- ピアノ　　piano／钢琴／피아노／dàn piano
- お客さん　customer／客人／손님／khách
- 床　　floor／地板／마루，바닥／sàn

23　カフェ・リーは　どれですか。

1

2

3

4

(24)

こんな 調査が あります。13才から 29才の 若い 人に、「自分が 好きですか」と 聞きました。アメリカや ドイツでは 「はい」と こたえた 人が 多かったですが、日本では、「はい」と こたえた 人は 少なかったです。でも、日本では、「はい」と こたえたい 人が 「いいえ」と こたえると 思います。日本では、「自分が 好き」と 言わない ほうが いいからです。

- ☐ 調査　survey ／调查／조사／ điều tra
- ☐ 若い人　young person, young people ／年轻人／젊은이／ người trẻ
- ☐ アメリカ　America ／美国／미국／ Mỹ
- ☐ ドイツ　Germany ／德国／독일／ Đức

24 「自分が 好きですか」と 聞いた とき、日本の 若い 人は どうして 「はい」と こたえませんか。

1　自分が 好きではないからです。
2　「いいえ」と こたえた ほうが いいからです。
3　「はい」と こたえる 人が 多いからです。
4　こたえが わからないからです。

中文
ちゅうぶん

もんだい つぎの（1）から（8）の ぶんしょうを 読んで、しつもんに こたえて ください。こたえは、1・2・3・4から いちばん いい ものを 一つ えらんで ください。

（1） ⧗ 8分でチャレンジ

　小さいとき、いなかに 住んでいました。学校が 遠くて たいへんでしたが、よく、学校から 帰るときに 友だちと 野原を 走ったり、川で 泳いだりしました。家に おそく 帰ってくるので、母は おこりましたが、あの ころは、とても 楽しかったです。
　今は、大きな 町の 会社で はたらいています。野原や 川は ありませんが、お店が たくさん あります。買い物は 便利です。母が 病気になったので、来月から いっしょに 住みます。ここは、病院が 近いですから、母にも 便利です。でも、わたしは、また 野原や 川で 遊びたいです。

☐ 野原　field, meadow／原野／들판／cánh đồng
☐ おこります　to get angry／生气／화내다／tức giận

25 「わたし」は、小さい ころ、よく 何を しましたか。

1　友だちと お店に 行きました。
2　友だちと 野原や 川で 遊びました。
3　友だちの 家に 行きました。
4　走って はやく 家に 帰りました。

26 母は、どうして 大きな 町に 住みますか。

1　病院が 近いからです。
2　買い物が 便利だからです。
3　大きな 会社で はたらくからです。
4　いなかが 好きではないからです。

（2）

　3か月前、新しい　家に　ひっこしました。1階には　台所と　居間、わたしと　つまが　いっしょに　使う　へやが　あります。2階には、子どもの　へやが　二つ　あります。いまは、子どもは　一人しか　いませんが、来年、あかちゃんが　生まれます。子どもが　小さいので、まだ、2階の　へやは　使っていません。

　ひっこす　まえは、父と　母と　住んでいました。父と　母は、毎日、わたしの　子どもと　いっしょに　遊びました。子どもは　よく「おじいさん　おばあさんと　遊びたい。」と　言います。それで、休みの　日は　たいてい、子どもと　いっしょに　父と　母に　会いに　行きます。あした、つまは　しごとに、わたしは　父と　母の　家に　行きます。

- □ ひっこします　to move house／搬家／이사하다／chuyển nhà
- □ 居間　living room, sitting room／起居室／거실／phòng khách
- □ つま　wife／wife（妻子）／아내／vợ
- □ あかちゃん　baby／婴儿／아기／em bé

27 新しい　家で、いま　使っている　ところは　どれですか。

1. 台所と　居間
2. 台所と　居間、わたしと　つまの　へや
3. 台所と　居間、わたしと　つまの　へや、子どもの　へや　一つ
4. 台所と　居間、わたしと　つまの　へや、子どもの　へや　二つ

28 どうして　あした、父と　母の　家に　行きますか。

1. 父と　母は、わたしの　子どもが　いなくて、つまらないからです。
2. 子どもが、父と　母に　会いたいからです。
3. つまが　しごとに　行くので、ひまだからです。
4. 父と　母が「あした　来て　ください」と　言ったからです。

(3) 　　　　　　　　　　　　　　　　　　　🕗 8分でチャレンジ

　フリーマーケットを しっていますか。フリーマーケットは 公園などで、いろいろな 人が ひらく お店です。お店では 新しい 物や 古い 物など 売っています。たとえば、子どもの 服や 本などです。子どもの 服は、今年 着た 服でも、たぶん 来年 着ません。だから、フリーマーケットで 売る 人が たくさん います。一つの 服は 100円くらいです。安いですね。子どもの 本も 同じで、売る 人が たくさん います。
　わたしも ときどき フリーマーケットで お店を 出します。自分の 服や くつなどを 売ります。ぜんぶ 100円くらいです。わたしは 着ない 服などを すてるのが 好きではないので、フリーマーケットは とても いいと 思います。

☐ フリーマーケット　　flea market ／跳蚤市場／벼룩시장／ chợ trời
☐ すてる（すてます）　to throw away, to get rid of ／扔掉／버리다／ vứt

29 どうして 子どもの 本を 売る 人が たくさん いますか。

1　新しい 本も 古い 本も たくさん あるからです。
2　今年 読んだ 本でも、たぶん 来年 読まないからです。
3　ほかにも、本を 売る 人が たくさん いるからです。
4　一つの 本を 100円くらいで 買う 人が いるからです。

30 「わたし」は どうして フリーマーケットで お店を 出しますか。

1　フリーマーケットは 安いからです。
2　あまり お金が ないからです。
3　使わない 物を すてるのが きらいだからです。
4　きらいな 服や くつが たくさん あるからです。

(4)

　わたしの　家の　庭に、赤い　実を　つける　木が　あります。とても　きれいな　色ですが、鳥は　食べません。ほかの　木の　実は、鳥が　食べます。だから、たぶん、その　赤い　実は　おいしくありません。

　先週、友だちが　わたしの　家に　遊びに　来た　とき、彼女は　木を　見て、「きれいだね。」と　言って、実を　とりました。「まずいから、食べないで。」と　わたしが　言う　まえに、彼女は　実を　食べました。「おいしいよ。」わたしは　おどろいて、一つ　食べました。あまくて　おいしかったです。

　実が　たくさん　あったので、ジャムを　つくりました。あした、この　ジャムを　友だちに　あげて　「ありがとう。」と　言いたいです。

☐ 実を　つける（実を　つけます）　to bear fruit／结果实／열매를 맺다／kết trái
☐ おどろいて（おどろきます）　to be surprised／惊奇／놀라다／ngạc nhiên
☐ ジャム　jam／果酱／잼／mứt dẻo

31 どうして　たぶん、その　赤い　実は　おいしくありませんか。

1　「わたし」が　食べて、おいしくなかったからです。
2　友だちが　「まずい。」と　言ったからです。
3　その　木の　実を　鳥が　食べないからです。
4　赤い　色は、きれいでも　おいしくない　色だからです。

32 先週、友だちは　何を　しましたか。

1　「わたし」に、実を　食べている　鳥が　いると　教えました。
2　実を　食べて、「わたし」に　おいしいと　教えました。
3　「わたし」に、赤い　実の　あまい　ジャムを　つくりました。
4　たくさん　実を　とって、うちに　持って　帰りました。

(5)

　今日は　朝　さむかったから、セーターを　2枚　着て　出かけました。学校の　友だちと　昼ごはんを　食べて、映画を　見に　行きました。午後　とても　あつく　なったから、映画館で　セーターを　ぬぎました。映画が　おもしろくて、たくさん　わらいました。そして、帰る　ときも　まだ　あつかったので　セーターを　わすれて　帰りました。うちに　帰ってから　映画館に　電話を　しましたが、ありませんでした。母に　もらった　ものだから、とても　ざんねんです。あしたからは　天気予報を　見てから　出かけます。それから、お店を　出る　ときは　持ちものを　よく　見ます。

□ わらいます　to laugh／笑／웃다／cười
□ ざんねん　a pity, a shame／遺憾／유감스러움／tiếc
□ 天気予報　weather forecast／天气预报／일기예보／dự báo thời tiết
□ 持ちもの　belongings／携帯品／소지품／đồ mang theo

33　今日　「わたし」が　しなかったのは　何ですか。

　1　友だちと　あう　こと
　2　セーターを　ぬぐ　こと
　3　電話を　かける　こと
　4　天気予報を　見る　こと

34　「わたし」は　何を　いちばん　言いたいですか。

　1　学校の　友だちと　出かけるのは、たのしいです。
　2　映画が　おもしろくて、よかったです。
　3　セーターを　なくして、ざんねんです。
　4　映画館は　電話に　出なくて、よくないです。

(6)

　わたしは　しごとで、日本の　あちらこちらに　行きます。しごとの　あとで、きれいな　ところや、ゆうめいな　建物を　よく　見ます。行った　町の　おいしい　食べ物を　食べたいですが、ゆうめいな　食べ物は　高いです。あまり　高くない　食べ物は　何でしょうか。ラーメンは　どうでしょう。あまり　高くありません。そして、日本には、ラーメンの　お店が　たくさん　あります。もちろん、北海道の　ラーメンと　九州の　ラーメンは　ちがいます。それで、わたしは、しごとで　どこかに　行った　ときは　いつも、その　町の　ラーメンを　食べます。

- □ ラーメン　ramen ／拉面／라면／ mì ramen
- □ 北海道　Hokkaido（the name of a region）／北海道（地区名）／홋카이도 (지역 이름) ／ Hokkaidou (tên địa phương)
- □ 九州　Kyushu（the name of a region）／九州（地区名）／규슈 (지역 이름) ／ Kyusyu (tên địa phương)
- □ ちがいます　to be different (from) ／不同／다르다／ khác

35　「わたし」は、日本の　あちらこちらに　行った　とき、何が　したいですか。

1　その　町の　ゆうめいな　建物を　見たいです。
2　その　町の　おいしい　食べ物を　食べたいです。
3　その　町の　食べ物を　料理したいです。
4　その　町の　高い　食べ物を　食べたいです。

36　「わたし」は、どうして　ラーメンを　食べますか。

1　ラーメンが　好きだからです。
2　ラーメンを　よく　知りたいからです。
3　安くて　どの　町にも　あるからです。
4　ゆうめいな　お店が　多いからです。

(7)

わたしは、きょうだいが いません。でも、いとこが います。母の 妹の 子どもです。いとこと いっしょに いると、知らない 人は よく「きょうだいですね。」と 言います。母と おばは 顔が ちがいますが、わたしと いとこは にています。それは、おもしろいです。

おとといい、頭が 痛かったので、友だちと 映画に 行きませんでした。友だちへの メールに 「ごめんなさい」と 書きました。でも、きのう、友だちから 「映画館に いましたね。」という 電話が ありました。友だちは 少し おこっていました。たぶん、それは わたしの いとこです。わたしと 友だちは 二人でわらいました。

- □ いとこ　　cousin／表兄弟, 表姐妹, 堂兄弟, 堂姐妹／사촌／anh chị em họ
- □ にています（にます）　to look like, to resemble／相似／닮다／giống
- □ おこって（おこります）　to get angry／生气／화내다／tức giận
- □ わらいます　to laugh／笑／웃다／cười

37 何が おもしろいですか。

1 自分には きょうだいが いないが、母には きょうだいが いる こと
2 母と おばは にていないが、自分と いとこは にている こと
3 いとこは、おばには にていないが、母には にている こと
4 自分は、母には にていないが、おばには にている こと

38 友だちは どうして「わたし」に 電話を しましたか。

1 映画に 行かないと 言った わたしを、映画館で 見たからです。
2 映画の 時間を 忘れたので、わたしに 聞きたかったからです。
3 わたしからの メールを 読まなかったからです。
4 いい 病院を わたしに 教えたかったからです。

(8)

わたしは 水よう日に「英語で 話す 会」に 行っています。この 会には 日本人と 外国人が 10人くらい いますが、先生は いません。会の みなさんは 英語が じょうずですが、もっと じょうずに なりたいと 言います。だから、みんなで いろいろな ことを 英語を つかって 話します。今まで、ニュースや 旅行の 話、お金の 話などを しました。絵本を 読んだり、歌を 歌ったり した ことも あります。わたしは 英語が あまり じょうずでは ありませんが、みなさんが とても やさしいので、学校で 勉強するより、この 会で 英語を 話すほうが 楽しいです。

☐ 会　　a meeting, a gathering／倶乐部／모임, 회／hội
☐ 絵本　 picture book／绘本，图画书／그림책／truyện tranh
☐ 〜より　(more) than, (better) than／比〜／〜보다／hơn 〜

39 この 会に どんな 人が 来ていますか。

1　英語の 先生に なりたい 人
2　英語が もっと じょうずに なりたい 人
3　英語が じょうずではない 人
4　学校では 勉強したくない 人

40 「わたし」は どうして「英語で 話す 会」に 行っていますか。

1　会の みんなが しんせつで 楽しいからです。
2　会には お金が いらないからです。
3　会の みんなが 英語を 教えるからです。
4　会では いちばん 英語が へただからです。

情報検索

もんだい 右の ページを 見て、下の しつもんに こたえて ください。 こたえは、1・2・3・4から いちばん いい ものを 一つ えらんで ください。(1)から (8)まで あります。

(1)   ⏳ 3分でチャレンジ

41 この クーポン券を 使って、1000円の おさけと 800円の ジュースを 買います。ぜんぶで いくらですか。

1 おさけ700円と ジュース800円で 1500円
2 おさけ1000円と ジュース560円で 1560円
3 おさけ700円と ジュース560円で 1260円
4 おさけ300円と ジュース240円で 540円

クーポン券

3割引

店内全品（さけ・たばこ除く）

ご利用期間　3/9～3/23

たかみ店のみ　ご利用いただけます。

KKマーケット

□ クーポン券　coupon, voucher／折扣券／쿠폰／phiếu giảm giá

もんだい 右の ページを 見て、下の しつもんに こたえて ください。こたえは、1・2・3・4から いちばん いい ものを 一つ えらんで ください。

(2)　　　　　　　　　　　　　　　　　　　　　　　　⌛ 3分でチャレンジ

42　マットさんは 中級Ⅰの 学生です。つぎの 授業は いつですか。

1　13日の 9時からです。
2　20日の 9時からです。
3　まだ わかりません。
4　お休みです。

休講の お知らせ

台風で、さくら線と あさひ線の 電車が 止まっています。
橋本先生と 林先生は、学校に 来ません。

　　初級Ⅰ　9:00 ～ 10:30　→　お休みです。
　　中級Ⅰ　9:00 ～ 10:30　→　13日（土）9:00 ～ 10:30 です。
　　中級Ⅱ　10:40 ～ 12:10　→　20日（土）10:40 ～ 12:10 です。
　　漢字Ⅰ　10:40 ～ 12:10　→　お休みです。

お休みの 授業は、来週、かわりの 日を おしえます。

　　　　　　　　　　　　　　　　　　　　　　　　教務課

- 中級　intermediate level ／中级／중급／ trung cấp
- 休講　cancelled classes, a day off ／停课／휴강／ nghỉ dạy
- 台風　typhoon ／台风／태풍／ bão
- 初級　elementary level ／初级／초급／ sơ cấp
- かわりの 日　alternate day, a day instead ／替代日／대체일／ ngày bù

もんだい　右の　ページを　見て、下の　しつもんに　こたえて　ください。こたえは、1・2・3・4から　いちばん　いい　ものを　一つ　えらんで　ください。

(3)　　　　　　　　　　　　　　　　　　　⏳ **3分でチャレンジ**

43　ジョンさんは、電気も　電話も　いまの　会社から　変えたいです。どの　会社が　安くて　いいですか。

1　ひかりテコレ
2　DDエレライン
3　あすかでんき
4　ふるいちパワー

電気の 会社を 変えませんか？
1か月、いくらでしょうか。いまの 会社と くらべましょう。

	1か月のプラン	
いまの 会社	7,524 円	どのくらい安い？
ひかりテコレ	7,433 円	91 円
ＤＤエレライン	7,511 円	13 円
あすかでんき	7,361 円	163 円
ふるいちパワー	7,502 円	22 円

※ひかりテコレ、ＤＤエレラインは、電話と いっしょの プランも あります。
その 場合、電気 1か月は
・ひかりテコレ…7,347 円 → 177 円 安いです。
・ＤＤエレライン…7,356 円 → 168 円 安いです。

☐ 変えます　to change ／改变／바꾸다／ thay đổi
☐ くらべます　to compare ／比较／비교하다／ so sánh
☐ プラン　plan ／计划／플랜／ kế hoạch, gói dịch vụ
☐ その場合　in that case, if that is the case ／那种场合／그 경우／ trong trường hợp đó

もんだい 右の ページを 見て、下の しつもんに こたえて ください。こたえは、1・2・3・4から いちばん いい ものを 一つ えらんで ください。

(4)　　　　　　　　　　　　　　　　　　　　⏳ **3分でチャレンジ**

44 チャリヤーさんは、おなかが 痛くて、きのう、病院で 薬を もらいました。今日は、おなかは 痛くありません。チャリヤーさんは、今日、薬を どう 飲みますか。

1　ごはんの あとに 1を 3回、ごはんの あいだに 2を 2回 飲んで、3は 飲みません。
2　ごはんの あとに 1を 3回、ごはんの あいだに 2を 2回、3を 1回 飲みます。
3　ごはんの あとに 1を 3回、ごはんの あとに 2を 2回 飲んで、3は 飲みません。
4　おなかが 痛くないので、1も 2も 3も 飲みません。

5日分の 薬です。5日間 飲んで ください。

1. フェルミロン	食後	1日 3回、ごはんを 食べた あと、30分 以内に 飲んで ください。
2. コロビッツ	食間	1日 2回、ごはんを 食べる まえか、ごはんと ごはんの あいだに 飲んで ください。
3. ジズパ	とんぷく	痛い ときだけ、飲んで ください。

- □ 5日分　for five days, enough for five days ／五天的／5일분／cho 5 ngày
- □ 以内　within ／～以内／～이내／trong ～
- □ あいだ　between ／之間／사이／giữa

もんだい 右の ページを 見て、下の しつもんに こたえて ください。こたえは、1・2・3・4から いちばん いい ものを 一つ えらんで ください。

(5)

⏳ 3分でチャレンジ

45 リーさんは 古い テーブルと いすを すてたいです。どうやって 出しますか。

1　燃える ところと 燃えない ところを わけて 出します。
2　火よう日か 金よう日の 夜に 出します。
3　土よう日の 朝 8時までに 出します。
4　ごみセンターに 電話して 出します。

ごみ出しの 注意

◆ まえの 日の 夜に ごみを 出しては いけません。
◆ 朝 8時までに ごみを 出して ください。
◆ 燃える ごみと 燃えない ごみと わけましょう。

燃える ごみ	燃えない ごみ	リサイクル ごみ
火よう日 金よう日	木よう日	土よう日

◆ 次の ものは ごみセンターに 電話して 出して ください。
　・大きい ごみ（50cm × 50cm 以上）
　・家具、自転車 など

ごみセンター：053-5353-5353

☐ 燃える（燃えます）　burnable ／燃烧／타다／ cháy
☐ わけて（わけます）　to separate ／分类／나누다／ chia, phân loại
☐ リサイクル　recycling ／再利用／리사이클／ tái sử dụng
☐ 家具　furniture ／家具／가구／ đồ gia dụng

もんだい 右の ページを 見て、下の しつもんに こたえて ください。こたえは、1・2・3・4から いちばん いい ものを 一つ えらんで ください。

(6)　　　　　　　　　　　　　　　　　　　⌛ **3分でチャレンジ**

46 みどり市に 住んでいる 田中さんは、17時に、中学生の 子ども 一人と プールに 行きました。二人で 水泳教室にも 出席しました。19時に 家に 帰りました。ぜんぶで いくらですか。

1　1800 円
2　1600 円
3　1450 円
4　600 円

https://www.sakura-spocen.net/guide1.php

さくら 市民（しみん） プール

- ホーム
- おしらせ
- 利用案内（りようあんない）
- アルバム
- アクセス

利用案内（りようあんない）

利用時間（りようじかん）	10:00-21:00
休館日（きゅうかんび）	木よう日（もくび）
料金（りょうきん）	さくら市民（しみん）： 大人（おとな）300円／2時間（じかん） 4才（さい）〜中学生（ちゅうがくせい）150円／2時間（じかん） さくら市民以外（しみんいがい）：大人（おとな）400円／2時間（じかん） 4才（さい）〜中学生（ちゅうがくせい）200円／2時間（じかん）

水泳教室（すいえいきょうしつ）
水よう日（すいび）18:00〜19:00
小学4年生（しょうがくねんせい）〜500円（えん）

その他（た）
・水泳用帽子（すいえいようぼうし）を かぶって ください。
・小学3年生（しょうがくねんせい）までは、大人（おとな）と いっしょに おねがいします。

☐ 水泳（すいえい）　swimming／游泳／수영／bơi lội
☐ 出席（しゅっせき）します　to attend／出席／출석하다／có mặt, dự
☐ 市民（しみん）　citizen／市民／시민／người dân
☐ 以外（いがい）　except／以外／이외／ngoài

もんだい 右の ページを 見て、下の しつもんに こたえて ください。こたえは、1・2・3・4から いちばん いい ものを 一つ えらんで ください。

(7) ⏳ 3分でチャレンジ

[47] カクさんと まりさんは 来週、勉強会を しなくては いけません。カクさんは、来週 毎日 午前中 いそがしいです。まりさんと カクさんは いつ 勉強会が できますか。

1　月よう日か 火よう日の 午後
2　月よう日か 金よう日の 午後
3　火よう日か 金よう日の 午後
4　水よう日か 木よう日の 午後

カクさん、勉強会を、いつ　しましょうか。

来週、月よう日の　午前中は　時間が　あります
が、午後は　いそがしいです。

火よう日は　午後、かいぎが　ありますが、3時に
終わります。

水よう日と　木よう日は、東京に　いません。

金よう日は　一日　だいじょうぶです。

カクさんは　どうですか。

まり

□ かいぎ　meeting／会议／회의／cuộc họp

もんだい 右の ページを 見て、下の しつもんに こたえて ください。こたえは、
1・2・3・4から いちばん いい ものを 一つ えらんで ください。

(8) 　　　　　　　　　　　　　　　　　　　　　⧖ 3分でチャレンジ

48 すずきさんは、いつも、4才の 子どもと いっしょに 図書館に 行きます。16日、すずきさんは、図書館で 映画を 見たいです。どう しますか。

1　子どもは 4階に 行って、すずきさんは 3階に 行きます。
2　子どもと 3階に 行って、いっしょに 映画を 見ます。
3　子どもと いっしょに、映画の 申し込みを します。
4　子どもと 4階 に行って、いっしょに 映画を 見ます。

図書館で　映画を　見ましょう！

2月16日（土）午後2時～

『春の　庭』

（19XX年、日本）

場所：図書館3階　Aホール

定員：50人

✾ 申し込みは　いりません。3階　Aホールに　来て　ください。
✾ 子ども（10才まで）は、保育室で　世話を　します。
　　4階「保育室」に　来て　ください。

～みなさん、どうぞ　来て　ください～

☐ Aホール　　　Hall A／A大厅／A 홀／đại sảnh A
☐ 申し込み　　　application／申请／신청／đăng ký tham gia
☐ 保育室　　　　children's playroom／保育室／보육실／phòng chăm sóc trẻ em
☐ 世話を　します　to take care of, to look after／照顾／돌보다／chăm sóc

にほんごのうりょくしけん かいとうようし (本試験のみほん)

N5
N5 げんごちしき (ぶんぽう)・どっかい

じゅけんばんごう
Examinee Registration Number

なまえ
Name

〈ちゅうい Notes〉

1. くろいえんぴつ(HB、No.2)でかいてください。
   (ペンやボールペンではかかないでください。)
   Use a black medium soft (HB or No.2) pencil.
   (Do not use any kind of pen.)
2. かきなおすときは、けしゴムできれいにけしてください。
   Erase any unintended marks completely.
3. きたなくしたり、おったりしないでください。
   Do not soil or bend this sheet.
4. マークれい Marking examples

よいれい Correct Example	わるいれい Incorrect Examples
●	⊘ ⊙ ◎ ◐ ○ ●

もんだい 1 ★ぶんぽう

1	①	②	③	④
2	①	②	③	④
3	①	②	③	④
4	①	②	③	④
5	①	②	③	④
6	①	②	③	④
7	①	②	③	④
8	①	②	③	④
9	①	②	③	④
10	①	②	③	④
11	①	②	③	④
12	①	②	③	④
13	①	②	③	④
14	①	②	③	④
15	①	②	③	④
16	①	②	③	④

もんだい 2 ★ぶんぽう

17	①	②	③	④
18	①	②	③	④
19	①	②	③	④
20	①	②	③	④
21	①	②	③	④

もんだい 3 ★ぶんぽう

22	①	②	③	④
23	①	②	③	④
24	①	②	③	④
25	①	②	③	④
26	①	②	③	④

もんだい 4 ★どっかい

27	①	②	③	④
28	①	②	③	④
29	①	②	③	④

もんだい 5 ★どっかい

30	①	②	③	④
31	①	②	③	④

もんだい 6 ★どっかい

32	①	②	③	④

PART 3

模擬試験
もぎしけん

Mock examinations
模拟测试
모의고사
Kiểm tra mô phỏng thực tế

第1回　模擬試験

the 1st Mock examinations／
第一次 模拟测试／제1회 모의고사／
Kiểm tra mô phỏng thực tế lần thứ nhất

もんだい1　つぎの（1）から（3）の　ぶんしょうを　読んで、しつもんに　こたえて　ください。こたえは、1・2・3・4から　いちばん　いい　ものを　一つ　えらんで　ください。

(1)

　きのうは、雨が　たくさん　ふった。わたしは　病院に　行ったが、風も　強くて、かさが　こわれた。病院は　あまり　遠くなかったが、とても　たいへんだった。わたしは　疲れたから、はやく　寝た。今日は　晴れた。いい　天気だから　外に　行きたいが、まだ　疲れている。

1　きのうは　どんな　日でしたか。

　　1　天気が　とても　悪かったから、疲れた。
　　2　とても　いそがしかったから、疲れた。
　　3　病院が　とおかったから、疲れた。
　　4　はやく　寝なかったから、疲れた。

(2)
あおきさんは、やまだくんに メールを おくりました。

やまだくん

あさひ町の 映画館は、はじめてですよね。駅から 歩いて 5分くらいです。北口を 出て、まっすぐ 行って ください。それから、3つ目の 交差点を 右に 曲がって、もう少し 歩いて ください。左側に 映画館が あります。では、映画館で 会いましょう。

---

[2] 映画館は どこですか。

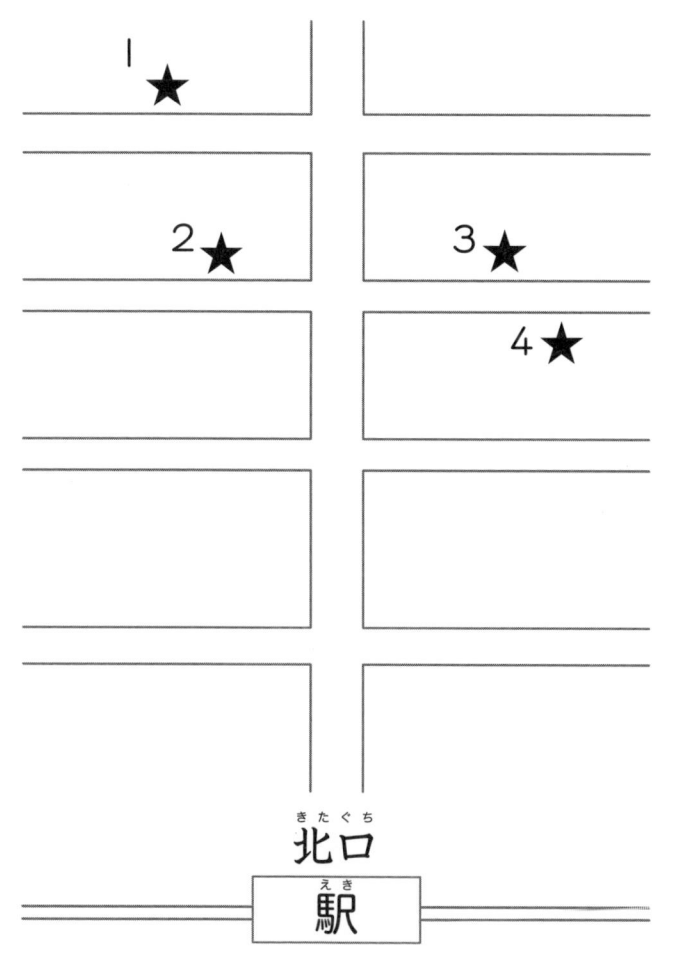

(3)

これは、タスさんが みなさんに おくった メールです。

To：teamac@xxxxxx.com, nikki@xxxxxx.com, karu@xxxxxx.com
From：tasslert@xxxxxx.com
件名(けんめい)：軽井沢旅行(かるいざわりょこう)
みなさん 先月(せんげつ)の 旅行(りょこう)は たのしかったですね。 おそくなりましたが、軽井沢(かるいざわ)の 旅行(りょこう)の 写真(しゃしん)を おくります。 きれいな 写真(しゃしん)が とれました。見(み)て ください。 また 行(い)きたいですね。 それでは！ タス

3　タスさんは この メールで 何(なに)が いちばん 言(い)いたいですか。

1　旅行(りょこう)に おくれないで ください。
2　わたしが とった 写真(しゃしん)を 見(み)て ください。
3　また きれいな 写真(しゃしん)を とりましょう。
4　みなさんが とった 写真(しゃしん)を ください。

もんだい2 つぎの ぶんしょうを 読んで、しつもんに こたえて ください。こたえは、1・2・3・4から いちばん いい ものを 一つ えらんで ください。

　わたしは 歌が 大好きです。聞くのも 好きです。歌うのは じょうずでは ありませんが、よく カラオケボックスで 友だちと いっしょに 歌います。それから、おふろでも 歌います。
　きのう、いやな ことが あったので 一人で カラオケボックスに 行って、大きい 声で 歌いました。そのあとで、いやな ことを ぜんぶ わすれました。とても つかれました。スポーツを するのと おなじ くらいです。でも、カラオケボックスに 行って よかったです。

4 上の ぶんしょうと 合っているのは どれですか。

1　歌うのは へたですが、歌を 聞くのも 歌うのも 好きです。
2　よく カラオケに 行くので、歌うのが じょうずに なりました。
3　友だちと いっしょに 歌うのが 好きなので、カラオケに 行きます。
4　歌うのが へたですが、お風呂では じょうずに 聞こえます。

5 どうして カラオケボックスに 行って よかったですか。

1　いやな ことが あったからです。
2　大きい 声が 出たからです。
3　いやな ことを わすれたからです。
4　スポーツと おなじ くらい いいからです。

もんだい3 右の ページを 見て、下の しつもんに こたえて ください。こたえは、1・2・3・4から いちばん いい ものを 一つ えらんで ください。

6 さとうさんの 子どもは、川で 遊びません。何を 持って 行きませんか。

1 ぼうし
2 タオル
3 すいとう
4 自分の 服

「夏休み 子ども会」の お知らせ

場所：丸山公園
時間：9時から 13時

川で 楽しく 遊びましょう。
バーベキューも しましょう！

持ってきて ください

・ぼうし
・ハンカチ
・すいとう（自分で 飲む 水）
※川で 遊ぶ 子どもは、自分の 服を もう 一つ
　持ってきて ください。

お金

子ども 300円　　おとな 1000円

第2回　模擬試験

the 2nd Mock examinations ／
第二次 模拟测试／제 2 회 모의고사／
Kiểm tra mô phỏng thực tế lần thứ hai

もんだい1　つぎの　(1)から　(3)の　ぶんしょうを　読んで、しつもんに　こたえて　ください。こたえは、1・2・3・4から　いちばん　いい　ものを　一つ　えらんで　ください。

(1)

　うちに　コーヒーカップが　なくて　こまっていたので、今日　買いに　行きました。お店に　いい　コーヒーカップが　あったから　自分のを　買いました。きのう、小林さんも　コーヒーカップが　ほしいと　言っていたので、小林さんのも　買いました。あした　あげます。

1　「わたし」は　今日、何を　しましたか。

　　1　小林さんと　コーヒーカップを　買いに　行きました。
　　2　小林さんと　自分に　コーヒーカップを　買いました。
　　3　小林さんに　コーヒーカップを　あげました。
　　4　小林さんに　コーヒーカップを　もらいました。

(2)

　これは、わたしの　たんじょう日の　しゃしんです。10才の　ときです。わたしは　いちばん　前に　座っています。右は　わたしの　母、左は　となりの　家の　あやかちゃんです。同じ　クラスの　友だちが　五人　来ました。みんな、うしろに　立っています。鳥も　いますね。わたしは　鳥が　好きでした。

2　「わたし」の　たんじょう日の　しゃしんは　どれですか。

(3)

これは、日本語学校の 貼り紙です。

地震の とき！

- 一人で すぐに 教室の 外に 出ないで ください。
- まどから はなれて ください。
- ドアの ちかくの 人は ドアを 開けて ください。
- 机の 下に 入って ください。
- 地震が 止まってから、先生と いっしょに 教室の 外に 出て ください。

---

3 どうやって 教室を 出ますか。

1 一人で すぐに 外に 出ます。
2 まどから 外に 出ます。
3 ドアの ちかくの 人から 外に 出ます。
4 地震の あとで 先生と 外に 出ます。

もんだい2 つぎの ぶんしょうを 読んで、しつもんに こたえて ください。こたえは、1・2・3・4から いちばん いい ものを 一つ えらんで ください。

　日よう日に 友だちと 公園に 行きました。ハンバーガーを 買って行きました。ハンバーガーは お店で 食べる より 公園で 食べる ほうが おいしいです。どうしてでしょう。それから、友だちと ゆっくり 話しました。おもしろい 話を たくさん したので、大きい 声で わらいました。これは、うるさいので、お店では あまり できない ことです。だから、公園に 行くのが 好きです。

4 これは 何ですか。

1　おいしい ハンバーガーを 食べる こと
2　友だちと ゆっくり 話す こと
3　大きい 声で わらう こと
4　友だちと 公園に 行く こと

5 「わたし」は 何が いちばん 言いたいですか。

1　わたしの 友だちは おもしろいです。
2　公園に 行って たのしかったです。
3　ハンバーガーは おいしかったです。
4　日よう日は 天気が よくて よかったです。

もんだい3 右の ページを 見て、下の しつもんに こたえて ください。こたえは、1・2・3・4から いちばん いい ものを 一つ えらんで ください。

6 カクさんは、24才の 留学生です。クラスメート 12人と いっしょに お茶会に 行きます。一人 いくらですか。

1　100円
2　80円
3　50円
4　40円

お茶会

南西大学の 学生と いっしょに 抹茶を 飲みませんか。
あまい おかしも あります。

日　時：1月24日（日）
　　　　11時～12時30分、12時30分～14時

場　所：南西大学 茶室
　　　　地図　www.usw.ac.jp/campusmap/map.html

定　員：各回 20人ずつ

参加費：100円　小学生50円
　　　　（注）団体（10人以上）80円、小学生40円
　　　　（注）60才 以上の 人は 無料

問い合わせ：南西大学 国際交流課（電話：03-9850-1111）

解答用紙（実戦練習）

Answer sheet (Practice Exercises) ／
卷子、试卷（实战练习）／답안지 (실전 연습) ／
Giấy ghi câu trả lời (Bài luyện tập thực hành)

短文（たんぶん）

1	①	②	③	④
2	①	②	③	④
3	①	②	③	④
4	①	②	③	④
5	①	②	③	④
6	①	②	③	④
7	①	②	③	④
8	①	②	③	④
9	①	②	③	④
10	①	②	③	④
11	①	②	③	④
12	①	②	③	④
13	①	②	③	④
14	①	②	③	④
15	①	②	③	④
16	①	②	③	④
17	①	②	③	④
18	①	②	③	④
19	①	②	③	④
20	①	②	③	④
21	①	②	③	④
22	①	②	③	④
23	①	②	③	④
24	①	②	③	④

中文（ちゅうぶん）

25	①	②	③	④
26	①	②	③	④
27	①	②	③	④
28	①	②	③	④
29	①	②	③	④
30	①	②	③	④
31	①	②	③	④
32	①	②	③	④
33	①	②	③	④
34	①	②	③	④
35	①	②	③	④
36	①	②	③	④
37	①	②	③	④
38	①	②	③	④
39	①	②	③	④
40	①	②	③	④

情報検索（じょうほうけんさく）

41	①	②	③	④
42	①	②	③	④
43	①	②	③	④
44	①	②	③	④
45	①	②	③	④
46	①	②	③	④
47	①	②	③	④
48	①	②	③	④

解答用紙（模擬試験）

Answer sheet (Mock examinations) /
卷子、试卷（模拟测试）／답안지 (모의고사) /
Giấy ghi câu trả lời（Kiểm tra mô phỏng thực tế）

第1回

	もんだい　1			
1	①	②	③	④
2	①	②	③	④
3	①	②	③	④
	もんだい　2			
4	①	②	③	④
5	①	②	③	④
	もんだい　3			
6	①	②	③	④

第2回

	もんだい　1			
1	①	②	③	④
2	①	②	③	④
3	①	②	③	④
	もんだい　2			
4	①	②	③	④
5	①	②	③	④
	もんだい　3			
6	①	②	③	④

●著者

桑原　里奈（くわはら　りな）
文化外国語専門学校専任講師
著書に『日本語能力試験問題集 N5 文法スピードマスター』『日本語能力試験問題集 N4 文法スピードマスター』『日本語能力試験問題集 N2 読解スピードマスター』（以上、J リサーチ出版）

木林　理恵（きばやし　りえ）
敬和学園大学人文学部日本語契約講師
著書に『日本語能力試験問題集 N2 読解スピードマスター』（J リサーチ出版）

DTP・本文レイアウト　オッコの木スタジオ
カバーデザイン　滝デザイン事務所
イラスト　杉本千恵美／山田淳子／白須道子
翻訳　Caroline Quail Kuroda ／ Shoko Alberding ／王雪／司馬黎／崔明淑／宋貴淑／近藤美佳／ Duong Thi Hoa

本書へのご意見・ご感想は下記URLまでお寄せください。
https://www.jresearch.co.jp/kansou/

日本語能力試験問題集　N5読解スピードマスター

平成 28 年（2016 年）　5 月 10 日　初版 第 1 刷発行
令和　2 年（2020 年）　5 月 10 日　　　　　 第 3 刷発行

著者　桑原里奈／木林理恵
発行人　福田富与
発行所　有限会社　Jリサーチ出版
〒166-0002　東京都杉並区高円寺北 2-29-14-705
電話　03(6808)8801（代）　FAX 03(5364)5310
編集部　03(6808)8806
https://www.jresearch.co.jp
印刷所　大日本印刷株式会社

ISBN 978-4-86392- 280-8
禁無断転載。なお、乱丁、落丁はお取り替えいたします。
©2016 Rina Kuwahara, Rie Kibayashi All rights reserved.
Printed in Japan

日本語能力試験問題集
Ｎ５読解スピードマスター

解答と解説

Answer and Explanation
答案与解说
해답과 해설
Đáp án và giải thích

PART 1 ウォーミングアップ

1 文章を読む基本練習

ふくしゅう 1
① a　② b　③ c　④ c

ふくしゅう 2
① a　b　② b　a　③ a　b　b

ふくしゅう 3
① a　② c　③ b

ふくしゅう 4
① a　② c　③ c

ふくしゅう 5
① c　② a　③ c

PART 2 実戦練習 (じっせんれんしゅう)

短文 (たんぶん)

(1)

1 正解：4

❓「わたしは、おみやげに 絵はがきを あげ」→母に 絵はがきを あげました。

"I give a picture postcard as a souvenir." → I gave a picture postcard to my mother.
「我拿明信片当做礼物送给」→送给了妈妈。
「나는 여행 선물로 그림엽서를 주고」→ 엄마에게 그림 엽서를 드렸습니다.
「Tôi tặng bưu thiếp tranh làm quà」→ Tôi tặng cho mẹ.

(2)

2 正解：1

❓「父と 母と 兄と 弟です。きょうだいで 女は わたししか いない」

"These are my dad, my mum, my big brother and my little brother. I'm the only girl in my family."
「这是父亲、母亲、哥哥和弟弟。兄弟姐妹中就我是女孩。」
「아버지와 어머니와 오빠 와남동생입니다. 형제 중에 여자는 나밖에 없습니다.」
「Bố, mẹ, anh trai và em trai. Trong 3 anh em, chỉ có tôi là con gái.」

(3)

3 正解：3

❓「電気を けして 出かけて ください。」

"Please switch off the lights when you go out."
「请关掉点灯出门吧。」
「전기를 끄고 나가세요.」
「Hãy tắt đèn rồi đi ra ngoài.」

(4)

4 正解：1

❓「こうえんを さんぽしながら 学校に 行きました。」

"Taking a walk through the park, I went to school."
「去学校的路上在公园散步。」
「공원을 산책하면서 학교에 갔습니다.」
「Vừa đi dạo công viên vừa đi học.」

(5)

5 正解：4

❓「東京タワーの 前に 高い ビルが たくさん ならんでいるので、ぜんぶは 見えません。」

"Because there are a lot of high buildings standing in front of Tokyo Tower, I can't see all of it."
「东京塔签名并排着好多高楼，不能全部看见。」
「동경 타워 앞에 높은 빌딩이 많이 늘어서 있어서 전부는 보이지 않습니다.」
「Ở phía trước tháp Tokyo có nhiều toà nhà cao nên không thể nhìn thấy toàn bộ.」

(6)

6 正解：4

❓「金よう日には、机の 中の ものを 持って 帰りましょう。」

"On Fridays, take home the things in your desk."
「周五请将桌子里的东西收拾好带回去。」
「금요일에는 책상 속의 것을 가지고 돌아갑시다.」
「Vào ngày thứ 6, hãy mang về những đồ trong ngăn bàn.」

(7)

7 正解：1

❓「わたしは チューリップが 好きです。」

"I like tulips."
「我喜欢郁金香。」
「나는 튤립을 좋아합니다.」
「Tôi thích hoa tuy líp.」

(8)

8 正解：2

❓「わたしは、長い コートを 着ています。かみは 短いです。スーツケースの 色は

3

白で、黒い カバンを 持って います。」
"I'm wearing a long coat. I have short hair. I have a white suitcase and a black bag."
「我穿着长大衣。头发比较短。行李箱的颜色是白色的，拿着黑色的包。」
「나는 긴 코트를 입고 있습니다. 머리는 짧습니다. 슈트 케이스 색은 하양이고 검은 가방을 가지고 있습니다.」
「Tôi mặc áo khoác dài. Tóc ngắn. Va-li của tôi màu trắng và tôi mang cái túi đen.」

(9)

9 正解：3

「にく、じゃがいも、カレールーを 買って きて ください。」
"Please buy some meat, some potatoes, and some curry roux."
「去买一下肉、土豆和咖喱汁吧。」
「고기, 감자, 카레 루를 사 와 주세요.」
「Hãy đi mua thịt, khoai tây và viên cà ri (roux cà ri).」

「ぎゅうにくに しましょう。」
"Let's have beef."
「做牛肉的吧。」
「소고기로 합시다.」
「Ta hãy ăn thịt bò nhé.」

(10)

10 正解：2

「しんせんな 魚を 食べました。とても おいしかったです。」
"I ate some fresh fish. It was really delicious."
「吃到了新鲜的鱼。非常美味。」
「신선한 생선을 먹었습니다. 아주 맛있었습니다.」
「Tôi đã ăn cá tươi. Thật là ngon.」

(11)

11 正解：2

窓の そばに 大きい 机と いす、いすの うしろに 本だなが あります。ベッドは ドアの そばです。小さい 机は へやに ありません。
Near the window there's a big desk and a chair, and behind the chair there's a bookcase. The bed is near the door. The small desk isn't in the room.
窗户旁边有张大椅子，椅子的后面有书架。床在门旁边。房间里没有小桌子。
창 옆에 큰 책상과 의자, 의자 뒤에 책장이 있습니다. 침대는 문의 옆입니다. 작은 책상은 방에 없습니다.
Ở bên cửa sổ có cái bàn to và ghế, ở phía sau cái ghế có giá sách. Có cái giường ở bên cửa. Ở trong phòng không có cái bàn nhỏ.

(12)

12 正解：3

「マスク 人が 多い ところでは マスクを！（電車や 教室など）」
"Masks: Wear a mask in places where there are a lot of people. (Places like trains and the classroom)"
「口罩：请在人多的地方戴上口罩！（电车或教室等）」
「마스크：사람이 많은 곳에서는 마스크를！（전차나 교실 등）」
「Khẩu trang: Hãy đeo khẩu trang ở chỗ đông người! (tàu điện hoặc phòng học v.v..)」

(13)

13 正解：2

「小さい ときから、わたしの 家には 犬が いるからです。」
"It's because we've kept a dog at home since I was small."
「小时候，我家养狗。」
「어렸을 때부터 우리 집에는 개가 있기 때문입니다.」
「Từ khi tôi còn nhỏ, ở nhà tôi có một con chó.」

(14)

14 正解：2

「わたしの 机の 上に、箱が あります。その 中に ありませんか。それか、上から 2ばん目の 引き出しを 見て ください。」
"There's a box on my desk. Isn't it in there? If not, please look in the drawer second from the top."
「我桌子上有箱子。没在里面吗？不是在那里，就看一下从上面数下来的第二个抽屉。」
「내 책상 위에 상자가 있습니다. 그 안에 없습니까? 없으면 위에서 2번째 서랍을 보세요.」
「Ở trên bàn tôi có cái hộp. Trong đó có thấy không? Hay là anh xem ngăn bàn thứ hai từ trên xuống được không?」

(15)

15 正解：3

「帰る まえに、まどを しめて、電気と エアコンを けす。」

"Switch off the lights and the air conditioner and close the windows before going home."
「回去之前，要关窗，关灯和空调。」
「집에 돌아가기 전에 창문을 잠그고 전기와 에어컨을 끄다 .」
「Trước khi đi về, đóng cửa sổ, tắt đèn và tắt điều hoà.」

(16)

16 正解：1

「来月の 12日の 夜、あきこさんと 新宿で 会います。」

"In the evening of the 12th next month, I'm going to meet Akiko in Shinjuku."
「下个月的 12 号晚上，和秋子在新宿见面。」
「다음 달 12일 밤에 아키코 씨와 신주쿠에서 만납니다 .」
「Tối ngày 12 tháng sau, tôi sẽ gặp bạn Akiko ở Shinjyuku.」

「はるかさんは 時間が ありますか。いっしょに 会いたいです。」

"Are you free, Haruka? I want to see you, too."
「遥有时间吗？想一起见见。」
「하루카 씨는 시간이 있습니까？함께 만나고 싶습니다 .」
「Bạn Haruka có thời gian không? Tôi muốn gặp bạn nữa.」

(17)

17 正解：4

「マンションの 下に コンビニが あります。」

"There's a convenience store under the apartment building."
「公寓下面有便利店。」
「아파트 밑에 정류장이 있습니다 .」
「Ở dưới chung cư có cửa hàng tiện lợi.」

「郵便局も となりに あります。」

"There's also a post offiice next to it."
「邮局也在旁边。」
「우체국도 옆에 있습니다 .」
「Cũng có cả bưu điện ở bên cạnh.」

(18)

18 正解：3

「ごはんを 食べた あとで、体温を 測らないで ください。30分 静かにして、それから 測って ください。」

"Please don't take your temperature after eating a meal. Please stay quiet for 30 minutes and then take it."
「吃完晚饭后，不要量体温。安静三十分钟以后，再测量体温。」
「밥을 먹은 후에 체온을 재지 마십시오 . 30 분 조용히 있다가 재십시오 .」
「Hãy đừng đo nhiệt độ cơ thể sau khi ăn cơm. Hãy nghỉ ngơi 30 phút rồi đo.」

(19)

19 正解：3

「あさってから、友だちと 北海道に 旅行に 行きます。」

"The day after tomorrow, I'm going on a trip to Hokkaido with my friends."
「从后天开始，和朋友去北海道旅游。」
「모레부터 친구와 홋카이도로 여행을 갑니다 .」
「Ngày kia tôi sẽ đi Hokkaido du lịch với bạn.」

「わたしは、まえの 日に、空港の 近くの ホテルに 泊まります。」

"I'm going to stay at a hotel near the airport the night before."
「我前一天会住在机场附近的酒店。」
「나는 전날에 공항 근처 호텔에 묵습니다 .」
「Vào ngày trước đó, tôi sẽ ở lại khách sạn gần sân bay.」

(20)

20 正解：3

「背が あまり 高くないです。」

"She is not very tall."
「各自不太高。」
「키가 별로 크지 않습니다 .」
「Chiều cao không cao lắm.」

「かみが 長いです。」

"She has long hair."
「头发长。」
「머리가 깁니다 .」
「Tóc dài.」

「かおは まるくて」
"She has a round face."
「圆脸…」
「얼굴은 동그랗고…」
「Mặt tròn ...」

「長い かさを 持って 行きます。」
"She will be holding a long umbrella."
「拿着一把长雨伞。」
「긴 우산을 가지고 갑니다.」
「Mang theo chiếc ô dài.」

(21)

21 正解：1

ゆみさんは ネギを 買います。
Yumi is going to buy some leeks.
由美买葱。
유미 씨는 파를 삽니다.
Bạn Yumi mua hành.

「やさいは 切ってから、わたしの 家に 持って きて ください。」
"Please cut the vegetables, then bring them to my house."
「蔬菜切好了，请拿到我家里来。」
「야채는 잘라서 우리 집에 가지고 오세요.」
「Rau củ thì hãy cắt rồi mang đến nhà tôi.」

(22)

22 正解：2

「しょうこさんは、寝ている とき、携帯電話の ボタンを 押しました。」
"While Shoko was sleeping, she pressed a button on her mobile phone."
「翔子睡觉的时候，按了手机上的键。」
「쇼코 씨는 자고 있을 때 핸드폰 버튼을 눌렀습니다.」
「Cô Shoko bấm nút điện thoại trong khi ngủ.」

(23)

23 正解：2

「ねこは お客さんの 近くには 行きません。いつも まどの そばで 外を 見ています。」

"The cat doesn't go near the customers. It always sits by the window looking out."
「猫不会去客人附近的。它们总是在窗户旁边看着外面。」
「고양이는 손님의 근처에는 가지 않습니다. 항상 창문 옆에서 밖을 보고 있습니다.」
「Mèo không đến gần với khách. Nó luôn luôn ở gần cửa sổ nhìn ra ngoài.」

「いすが ありません。」
"There are no chairs."
「没椅子。」
「의자는 없습니다.」
「Không có ghế.」

「お客さんは、床に すわります。」
"The customers sit on the floor."
「客人们坐地板上。」
「손님은 마루에 앉습니다.」
「Khách ngồi trên sàn nhà.」

(24)

24 正解：2

「日本では、『自分が 好き』と 言わない ほうが いいからです。」
"It's because, in Japan, you shouldn't say, 'I like myself'."
「在日本不好说『喜欢自己』比较好。」
「일본에서는『내가 좋아』라고 말하지 않는 편이 좋기 때문입니다.」
「Ở Nhật Bản, không nên nói『tôi thích bản thân mình.』.」

中文
ちゅうぶん

（1）

25 正解：2

「よく、学校から 帰る ときに 友だちと 野原を 走ったり、川で 泳いだり しました。」

"When I got home from school, I often did things like run in the fields or swim in the river with my friends."

「以前从学校回家途中，经常和朋友在原野上互相追逐，在河里游泳。」

「학교에서 집으로 갈 때 친구들과 자주 들판을 달리기도 하고 강에서 헤엄을 치기도 했습니다．」

「Trên đường đi học về, tôi hay chạy trên đồng cỏ hoặc bơi ở sông cùng với bạn.」

26 正解：1

「母が 病気に なったので、来月から いっしょに 住みます。ここは、病院が 近いですから、母にも 便利です。」

"My mother is ill, so, from next month, I'm going to live with her. The hospital is near here, so it's convenient for my mother."

「母亲生病了，从下个月开始，和她住在一起。这里离医院很近，对母亲来说也很方便。」

「어머니가 병에 걸려서 다음 달부터 함께 삽니다．여기는 병원이 가깝기 때문에 어머니에게도 편리합니다．」

「Mẹ tôi bị bệnh, vì vậy từ tháng sau trở đi tôi sẽ ở cùng với mẹ. Chỗ này gần bệnh viện, nên cũng tiện cho cả mẹ.」

（2）

27 正解：2

「1階には 台所と 居間、わたしと つまが いっしょに 使う へやが あります。2階には、子どもの へやが 二つ あります。」

"On the first floor, there are a kitchen, a living room and the room my wife and I share. There are two children's rooms on the 2nd floor."

「一楼有厨房和起居室，还有我和妻子共用的房间。二楼有两间孩子的房间。」

「1 층에는 부엌과 거실，저와 아내가 같이 사용하는 방이 있습니다．2층에는 아이 방이 두개 있습니다．」

「Ở tầng 1 có phòng bếp, phòng khách và phòng của hai vợ chồng tôi dùng. Ở tầng 2 có 2 phòng trẻ em.」

「子どもが 小さいので、まだ、2階の へやは 使っていません。」

"Because the child is small, we are not using the rooms on the second floor yet."

「孩子太小，还没开始用二楼的房间。」

「아이가 작아서 아직 2 층의 방은 사용하지 않고 있습니다．」

「Con tôi vẫn nhỏ nên chưa dùng phòng ở trên tầng 2.」

28 正解：2

「子どもは よく『おじいさん おばあさんと 遊びたい。』と 言います。それで、休みの 日は たいてい、子どもと いっしょに 父と 母に 会いに 行きます。」

"My child often says, 'I want to play with Grandpa and Grandma.' So, on holidays, I usually go to see my father and mother with my child."

「孩子经常说『想和爷爷奶奶（外公外婆）玩儿』，所以，休息日我们大都会和孩子一起去看父母。」

「아이 들은 자주『할아버지，할머니와 놀고 싶어』라고 합니다．그래서 쉬는 날은 대개 아이와 같이 아버지와 어머니를 만나러 갑니다．」

「Con tôi hay nói『muốn chơi cùng với ông bà』．Vì vậy vào ngày nghỉ tôi thường đi gặp bố mẹ cùng với con.」

（3）

29 正解：2

「子どもの 服は、今年 着た 服でも、たぶん 来年 着ません。だから、フリーマーケットで 売る 人が たくさん います。」

"Even though children wore the children's clothes this year, they probably won't wear them next year. That's why there are a lot of people selling them at flea markets."

「孩子的衣服就算今年能穿，大概明年也就穿不了了。所以，跳蚤市场有很多人卖衣服。」

「아이 옷은 올해 입은 옷이라도 아마 내년에는 안 입을 것입니다．그래서 벼룩시장에서 파는 사람이 많이 있습니다．」

「Quần áo trẻ em thì năm nay mặc rồi chắc năm sau không mặc nữa. Vì vậy có nhiều người bán tại chợ trời.」

「子どもの 本も 同じで、売る 人が たくさん います。」

"Children's books are the same; there are many people sellling them."

「孩子的书也是一样，卖童书的人很多。」

「아이 책도 마찬가지여서 파는 사람이 많이 있습니다．」

「Sách trẻ em cũng vậy, có nhiều người bán.」

30 正解：3

「わたしは 着ない 服などを すてるのが 好きではないので、フリーマーケット は とても いいと 思います。」

"I don't like to throw away things like clothes I don't wear, so I think flea markets are really good."
「我不喜欢把不穿的衣服扔掉，所以觉得跳蚤市场非常好。」
「나는 입지 않는 옷 등을 버리는 것을 좋아하지 않아서 벼룩시장은 아주 좋다고 생각합니다.」
「Tôi không thích việc vứt quần áo mà không mặc, cho nên tôi nghĩ chợ trời rất tốt.」

（4）

31 正解：3

「とても きれいな 色ですが、鳥は 食べません。ほかの 木の 実は、鳥が 食べます。」

"They are a very pretty colour, but birds don't eat them. Birds eat berries from other trees."
「颜色虽然很漂亮，但鸟儿不吃。其它树上的果子，鸟还是吃的。」
「아주 예쁜 색이지만 새는 먹지 않습니다. 다른 나무 열매는 새가 먹습니다.」
「Quả này màu đẹp nhưng chim không ăn. Các quả khác thì chim sẽ ăn.」

32 正解：2

2段落目で、友だちは 実を 食べて「おいしいよ」と わたしに 教えています。

In the second paragraph, my friend ate berries and told me "they are delicious."
在第二段中，朋友吃了果子，告诉我「好吃」。
2 단락 째에서 친구는 열매를 먹고 「맛있다」고 내게 가르쳐 주었습니다.
Trong đoạn 2, bạn ăn quả rồi cho tôi biết「ngon lắm đấy」.

（5）

33 正解：4

「あしたからは 天気予報を 見てから 出かけます。」

"From tomorrow, I'm going to watch the weather forecast before I go out."
「从明天开始看了天气预报再出门。」
「내일부터는 일기 예보를 보고 외출하겠습니다.」
「Từ ngày mai trở đi tôi sẽ xem dự báo thời tiết rồi đi ra ngoài.」

34 正解：3

「映画館に 電話を しましたが、ありませんでした。」→セーターはありませんでした。

"I called the cinema, but it wasn't there." → The sweater wasn't there.
「给电影院打了电话，没有（毛衣）。」→毛衣没有了。
「영화관에 전화를 했습니다만 없었습니다.」→스웨터는 없었습니다.
「Tôi đã gọi điện đến rạp chiếu phim nhưng không có.」 → Không có chiếc áo len.

「母に もらった ものだから、とても ざんねんです。」

"I got it from my mother, so it's really a pity."
「这是妈妈送的，好可惜。」
「엄마에게 받은 것이어서 아주 속상합니다.」
「Đó là cái mẹ tặng cho tôi, nên tôi thấy rất tiếc.」

（6）

35 正解：2

「行った 町の おいしい 食べ物を 食べたいです」

"I want to eat delicious food in the towns I go to."
「想到（自己）去的那座城镇品尝美食。」
「간 도시의 맛있는 음식을 먹고 싶습니다.」
「Đi đến thành phố nào muốn ăn món ngon của thành phố đó.」

36 正解：3

ラーメンは「あまり 高くありません。そして、日本には、ラーメンの お店が たくさん あります。」

Ramen is "not very expensive. And there are many ramen restaurants in Japan."
拉面「不太贵。而且，日本拉面店很多。」
라면은 「별로 비싸지 않습니다, 그리고 일본에는 라면 가게가 많이 있습니다.」
Mì ramen「không đắt lắm. Và ở Nhật Bản có nhiều quán mì ramen.」

（7）

37 正解：2

🔊「母と おばは 顔が ちがいますが、わたしと いとこは にています。」

"My mother and my aunt look different, but my cousin and I look alike."
「妈妈和姨妈长得不像，但我和表（兄弟姐妹）长得像。」
「엄마와 이모는 얼굴이 다릅니다만, 나와 사촌은 닮았습니다．」
「Mẹ tôi và dì tôi mặt không giống, nhưng tôi và em họ mặt giống nhau.」

38 正解：1

わたしは、友だちと 映画に 行く 約束を していましたが、行けなくなったので「ごめんなさい」と メールしました。でも、友だちは 映画館で わたしを 見たので、電話を しました。

I had promised to go to a movie with a friend, but because I wasn't able to go, I sent an e-mail saying "Sorry." But my friend saw "me" at the cinema, so she telephoned me.
和朋友约好了去看电影，没能去成，跟朋友发邮件说「对不起」。但朋友说在电影院看到「我」了，就给我打了电话。
나는 친구 들과 영화를 보러 갈 약속을 했었습니다만, 갈 수 없어져서 「미안해요」하고 메일을 보냈습니다．하지만 친구들은 영화관에서「나」를 보았기 때문에 전화를 했습니다．
Tôi đã hẹn với bạn cùng đi xem phim mà không đi được nên tôi đã nhắn tin cho bạn rằng「Tôi xin lỗi.」. Nhưng bạn tôi đã nhìn thấy「tôi」ở rạp chiếu phim nên đã gọi điện cho tôi."

（8）

39 正解：2

🔊「会の みなさんは 英語が じょうずですが、もっと じょうずに なりたいと 言います。」

"Everybody in the group is good at English, but they say they want to be better."
「俱乐部的成员们英语都挺好，不过大家还想继续提高（英语）水平。」
「모임의 모두는 영어를 잘하지만 좀 더 능숙하게 되고 싶다고 합니다．」
「Những người trong hội rất giỏi tiếng Anh nhưng nói rằng muốn giỏi lên nữa.」

40 正解：1

🔊「みなさんが とても やさしいので、学校で 勉強するより、この 会で 英語を 話す ほうが 楽しいです。」

"Everybody is very kind, so it's more fun to speak English in this group than to study at school."
「大家都非常好，比起在学校学习，在俱乐部里说英语更加快乐。」
「여러분이 아주 친절해서 학교에서 공부하는 것보다, 이 모임에서 영어를 말하는 편이 즐겁습니다．」
「Vì mọi người rất hiền lành, nên tôi cảm thấy vui khi nói tiếng Anh trong hội này hơn học ở trường.」

情報検索(じょうほうけんさく)

(1)

41 正解：2

❓「3割引（さけ・たばこ除く）」

"30% off (except alcohol and tobacco)"
「七折（酒、烟除外）」
「30% 할인（술・담배 제외）」
「giảm 30 phần trăm (ngoài rượu và thuốc lá)」

おさけは 1000 円です。ジュースは 800 円 × 0.7（70％）で、560 円です。ぜんぶで 1560 円です。

The alcohol is ¥1,000. The juice is ¥560 (70% of ¥800). That's ¥1,560 altogether.
酒是 1000 日元。橘子汁是 800 日元 ×0.7（70％），560 日元。全部 1560 日元。
술은 1000 엔입니다．주스는 800 엔× 0.7 （70％）로 560 엔입니다．전부 1560 엔입니다．
Rượu hết 1000 yên. Còn nước ngọt 800 yên × 0.7 (70%) = 560 yên. Tổng cộng hết 1560 yên.

(2)

42 正解：1

❓「中級Ⅰ 9:00～10:30 → 13日（土）9:00～10:30 です。」

"Intermediate class Ⅰ 9:00 ~ 10:30 → 13th Sat. 9:00 ~ 10:30"
「中級Ⅰ 9:00 ～ 10:30 → 13 日（周六）9:00 ～ 10:30」
「중급Ⅰ 9:00～10:30 →13일（토）9:00～10:30 입니다．」
「Trung cấp I 9:00~10:30 → ngày 13 (T7) 9:00~10:30」

(3)

43 正解：1

電話と いっしょの プランが あるのは、ひかりテコレと DDエレラインで、ひかりテコレのほうが 安いです。

The plans that include a telephone are the Hikari-Tekore and the DD Ererain, and the Hikari-Tekore is cheaper.
与电话捆绑的套餐有光纤和 DD 电气网络，光纤要便宜点儿。
전화와 셋트 플랜이 있는 것은 히카리테코레와 ＤＤ에레라인데，히카리테코레 쪽이 쌉니다．
Công ty có gói dịch vụ bao gồm điện thoại là Hikari-Tekore và DD-Ererain, và của Hikari-Tekore rẻ hơn.

(4)

44 正解：1

❓「5日間 飲んでください。」

"Please take this for 5 days."
「药请连续吃五天。」
「5 일간 드세요．」
「Hãy uống 5 ngày.」

「痛い ときだけ、飲んで ください。」

"Please take it only when you feel pain."
「只在疼的时候吃（药）。」
「아플 때만 드세요．」
「Hãy chỉ uống trong khi bị đau.」

(5)

45 正解：4

家具は ごみセンターに 電話して 出します。

You must call the Garbage Collection Centre and then put out the furniture for collection.
扔家具前要先给垃圾中心打电话。
가구는 쓰레기센터에 전화해서 버린다．
Đồ gia dụng thì gọi điện đến trung tâm xử lý rác rồi vứt.

(6)

46 正解：2

❓「みどり市に 住んでいる 田中さん」

"Tanaka-san, a resident of Midori Town"
「住在绿市的田中先生」
「미도리 시에 살고 있는 다나카 씨」
「Anh Tanaka sống ở thành phố Midori」

さくら市民 以外の 大人は 400 円です。中学生は 200 円です。水泳教室は 500 円 × 2 です。ぜんぶで 1600 円です。

It's ¥400 for an adult who is not a resident of Sakura Town. It's ¥200 for a junior high school student. It's ¥500 each for two people for the swimming school. That's ¥1,600 altogether.
樱花市民以外的成人是每人 400 日元。中学生是每人 200 日元。游泳班是 500 日元 ×2。全部是 1600 日元。
사쿠라 시민 이외의 어른은 400 엔입니다．중학생은 200 엔입니다．수영교실은 500 엔 × 2 입니다．전부 1600 엔입니다．
Người lớn không sống ở thành phố Sakura hết 400 yên, còn học sinh cấp 2 hết 200 yên. Chi phí tham gia lớp học bơi là 500 yên × 2. Tổng cộng hết 1600 yên."

（7）

47 正解：3

🗣「カクさんは、来週 毎日 午前中 いそがしいです。」だから、カクさんは、午後だけ だいじょうぶです。

"Kaku-san will be busy in the morning every day next week." Therefore, Kaku-san can only manage the afternoons.
「郭先生下周每天上午都很忙。」所以，郭先生只有下午有时间。
「곽씨는 다음 주 매일 오전 중은 바쁩니다.」 그러니까 곽씨는 오후만 괜찮습니다.
「Anh Kaku sẽ bận vào buổi sáng mỗi ngày trong tuần sau.」 Vì vậy anh Kaku chỉ có thời gian vào buổi chiều.

「火よう日は 午後 かいぎが ありますが、3時に 終わります。」「金よう日は 一日 だいじょうぶです。」

"I have a meeting on Tuesday afternoon, but it will finish at 3 o'clock." "I'm free all day on Friday."
「星期二下午有会议，三点结束。」「周五一天都可以。」
「화요일은 오후에 회의가 있는데 3시에 끝납니다.」「금요일은 하루 종일 괜찮습니다.」
「Ngày thứ 3 có cuộc họp vào buổi chiều, nhưng nó sẽ kết thúc lúc 3 giờ.」「Ngày thứ 6 thì có thời gian cả ngày.」

（8）

48 正解：1

🗣「3階 Aホールに 来て ください。」

"Please come to A Hall on the 3rd floor."
「请来三楼A厅。」
「3층 A홀에 와 주세요.」
「Xin hãy đến sảnh đường A ở tầng 3.」

「子ども（10才まで）は、保育室で 世話を します。4階『保育室』に 来て ください。」

"Children under the age of eleven will be looked after in the day-care centre. Please come to the day-care centre on the 4th floor."
「孩子(10岁为止)由保育室的阿姨照顾。请大家来4楼的『保育室』。」
「아이 (10 살까지) 는 보육실에서 돌봅니다. 4층『보육실』로 와 주세요.」
「Trẻ em (dưới 10 tuổi) được chăm sóc tại phòng chăm sóc. Hãy đến『phòng chăm sóc trẻ em』ở tầng 4.」

PART 3 模擬試験(もぎしけん)

第1回(だいかい)

もんだい1

(1)

ことばと表現(ひょうげん)

☐ こわれた（こわれます）
to break／坏掉／부서지다／hỏng, hư

1 正解(せいかい)：1

きのうは、雨(あめ)が たくさん ふって、風(かぜ)も 強(つよ)かったので、天気(てんき)は とても 悪(わる)かったです。また、「わたしは 疲(つか)れた」と 書(か)いてあります。

Yesterday, it rained a lot and there was a strong wind. This means the weather was really bad. Notice that the writer says, "I am tired."
昨天下很大的雨,刮着大风,天气非常不好。另外,我还写了「我累了」。
어제는 비가 많이 내리고 바람도 강해서 날씨는 아주 나빴습니다. 또 「나는 피곤했어.」 라고 쓰여 있습니다.
Hôm qua trời mưa nhiều và gió cũng to, vì vậy thời tiết thật xấu. Và cũng có ghi「Tôi mệt rồi.」.

(2)

2 正解(せいかい)：3

Q「3つ目(め)の 交差点(こうさてん)を 右(みぎ)に 曲(ま)がって、もう少(すこ)し 歩(ある)いて ください。」

"Turn right at the third crossroads and walk a little further."
「在第三个十字路口向右拐,再走一会儿。」
「세 번째 교차로를 오른 쪽으로 돌아 좀 더 걸어가세요.」
「Hãy rẽ phải ở ngã tư thứ 3 và đi tiếp một chút nữa.」

「左側(ひだりがわ)に 映画館(えいがかん)が あります。」

"The cinema is on the left-hand side."
「左侧有电影院。」
「왼쪽에 영화관이 있습니다.」
「Ở bên tay trái có rạp chiếu phim.」

(3)

ことばと表現(ひょうげん)

☐ 軽井沢(かるいざわ) Karuizawa (the name of a place)
轻井泽(地名)／가루이자와 (지명)
Karuizawa (địa danh)

☐ おくります to send／送／보내다／gửi

3 正解(せいかい)：2

Q「旅行(りょこう)の 写真(しゃしん)を おくります。」

"I'm sending you some photos from the trip."
「寄送旅行的照片。」
「여행 사진을 보냅니다.」
「Tôi gửi tấm ảnh được chụp khi đi du lịch.」

「きれいな 写真(しゃしん)が とれました。見(み)て ください。」

"I managed to take some good photos. Please look at them."
「照片照得很美。请看。」
「사진이 예쁘게 나왔습니다. 감상하세요.」
「Chụp được những tấm rất đẹp. Xin mời xem.」

もんだい2

ことばと表現(ひょうげん)

☐ カラオケボックス Karaoke box／卡拉OK包房／노래방／quán karaoke

4 正解(せいかい)：1

Q「聞(き)くのも 好(す)きです。」それから、よく カラオケボックスで 友(とも)だちと 歌(うた)ったり、おふろで 歌(うた)ったり するので、歌(うた)うのも 好(す)きです。

"I like listening, too." Also, I often do things like singing at a Karaoke box with my friends, and singing in the bath, so I like singing, too.
「喜欢听歌。」然后,喜欢和朋友在卡拉OK包房唱歌,也喜欢泡澡的时候唱歌。
「듣는 것도 좋아합니다.」 그리고 자주 노래방에서 친구들과 노래하거나 목욕탕에서 노래를 부르기도 하므로 노래 부르는 것도 좋아합니다.

「Tôi cũng thích nghe.」Và Tôi cũng thích hát ở quán karaoke cùng với bạn hoặc hát khi tắm, cho nên tôi cũng thích hát.

5 正解：3

🔊「一人で カラオケボックスに 行って、大きい 声で 歌いました。その あとで、いやな ことを ぜんぶ わすれました。」

"I went to a Karaoke box by myself and sang in a loud voice. After that, I forgot about all the bad things."
「一个人去卡拉OK包间大声唱过歌。之后就忘记所有的不快了。」
「혼자서 노래방에 가서 큰 소리로 노래했습니다. 나중에 싫은 일을 전부 잊었습니다.」
「Tôi đi quán karaoke một mình và hát với giọng to. Sau đó tôi quên hết tất cả mọi điều chán ghét.」

もんだい3

ことばと表現

□ 子ども会　children association／儿童团体(暑假等节日时，为了让大家一起参加节日和娱乐活动的会)／어린이회／hội trẻ em

□ バーベキュー　barbecue／烧烤／바비큐／ba bê kiu

□ すいとう　water bottle／水壶／물통／bình đựng nước

6 正解：4

🔊「※川で 遊ぶ 子どもは、自分の 服を もう 一つ 持ってきて ください。」

"※Children who are going to play in the river should bring a change of clothes."
「※要在河里玩耍的同学，请再带上一件自己的衣服。」
「※강에서 놀 아이는 자기 옷을 하나 더 가져오세요.」
「※Trẻ em muốn chơi ở sông hãy mang thêm một chiếc áo nữa.」

第2回

もんだい1

(1)

1 正解：2

🔊「自分のを 買いました。」

"I bought one for myself."
「买了自己的。」
「자기 것을 샀습니다.」
「Tôi mua cái của tôi.」

「小林さんのも 買いました。」

"I bought one for Kobayashi-san, too."
「也买了小林先生的。」
「고바야시 씨의 것도 샀습니다.」
「Tôi cũng mua cái của anh Kobayashi.」

(2)

2 正解：3

🔊 前に、左から あやかちゃん、わたし、お母さんが 座っています。クラスの 友だち 五人は 後ろに、立っています。鳥が います。

In the front, from the left, Ayaka, me and my mother are sitting. There are five friends from my class standing behind us. There's a bird.
前排左起，坐着的是绫香、我和妈妈。站在后排的是班里的五个朋友。有小鸟。
앞의 왼쪽부터 아야카 씨, 저, 어머니가 앉아 있습니다. 반 친구 5명은 뒤에 서 있습니다. 새가 있습니다.
Ở hàng trước, từ phía trái có bạn Ayaka, tôi và mẹ ngồi. Còn 5 bạn cùng lớp đứng ở hàng sau. Có con chim.

(3)

ことばと表現

□ 地震　earthquake／地震／지진／động đất

□ はなれて（はなれます）
to keep away, to leave／离开／헤어지다, 떨어지다／rời xa

13

③ 正解：4

🔑 「地震が 止まってから、先生と いっしょに 教室の 外に 出て ください。」

"When the earthquake stops, please leave the classroom with your teacher."
「等地震停住后，请和老师一起出教室。」
「지진이 멈추고 나서 선생님과 함께 교실 밖에 나가세요．」
「Sau khi động đất dừng lại, hãy ra khỏi phòng học cùng với giáo viên.」

もんだい2

ことばと表現

☐ ハンバーガー　hamburger／汉堡包／햄버거／hăm bơ gơ

☐ わらいます　to laugh／笑／웃다／cười

④ 正解：3

🔑 「大きい 声で わらいました。」

"We laughed loudly."
「大声地笑了。」
「큰 소리로 웃었습니다．」
「Cười với giọng to.」

指示語（これ）は、直前に のべている ことを 指しています。

This demonstrative pronoun (これ) refers to the thing mentioned just before.
指示语（これ）指示刚叙述的事情。
지시어 (これ) 는 직전에 말한 것을 가리킵니다．
Từ chỉ thị (これ) chỉ những điều vừa nói ở ngay trên.

⑤ 正解：2

🔑 「公園で 食べる ほうが おいしいです。」

"It will taste better if we eat in the park."
「在公园吃东西很香。」
「공원에서 먹는 편이 맛있습니다．」
「Ăn ở công viên ngon hơn.」

「大きい 声で わらいました。」

"We laughed loudly."
「大声地笑了。」
「큰 목소리로 웃었습니다．」
「Cười với giọng to.」

「公園に 行くのが 好きです。」

"I like going to the park."
「喜欢去公园。」
「공원에 가는 것을 좋아합니다．」
「Tôi thích đi công viên.」

もんだい3

ことばと表現

☐ クラスメート　classmate／同班同学／반 친구／bạn cùng lớp

☐ お茶会　a tea ceremony party／茶道会／티파티／hội uống trà

☐ 団体　group／团体／단체／đoàn thể

☐ ～以上　more than, over, above／～以上／~ 이상／～ trở lên

⑥ 正解：2

🔑 「24才の 留学生」

"a 24-year-old overseas student"
「24岁的留学生」
「24살의 유학생」
「lưu học sinh 24 tuổi」

「クラスメート 12人と いっしょに」

"with twelve classmates"
「和同班同学12人一起」
「클래스 메이트12명과 함께」
「cùng với 12 người bạn cùng lớp」

「(注) 団体（10人以上）80円、小学生 40円」

"Note: It costs ¥80 each if there are 10 or more people in the group and ¥40 for elementary school children."
「注：团体(10人以上)80日元、小学生40日元」
「주：단체(10명 이상) 80엔, 초등학생40엔」
「chú ý: đoàn thể (10 người trở lên) 80 yên, học sinh tiểu học 40 yên"」